독학자를 위한

노자 읽기

독학자를 위한 노자 읽기 : 무위의 아름다움과 유위의 은밀함

발행일 초판1쇄 2023년 11월 15일 | **지은이** 최경열
펴낸곳 북튜브 | **펴낸이** 박순기 | **주소** 경기도 고양시 덕양구 소원로 181번길 15, 504-901 |
전화 070-8691-2392 | **팩스** 031-8026-2584 | **이메일** booktube0901@gmail.com
ISBN 979-11-92628-23-3 04150

Booktube 북튜브 책으로 만나는 인문학강의 세상

독학자를 위한

노자 읽기

독학자의 공부 02

老子

무위의 아름다움과
유위의 은밀함

최경열 지음

북튜브

서문 '독학자의 공부' 시리즈를 펴내며

— 자기만의 읽기를 위하여

'독학자의 공부'라는 시리즈로 네 권의 책을 세상에 내보낸다. 각각의 책들의 제목은 모두 '독학자를 위한 ~ 읽기'라고 붙였는데, 강조점은 '읽기'에 놓인다. 읽기는 자신을 집중해 참여시키는 적극적인 행위다. 서양에서는, 적어도 영어권에서는 '읽는다'(reading)는 말을 포괄적으로 사용한다. 그들은 전공에 상관없이 공부를 모두 '읽는다'는 말로 표현한다. 셰익스피어를 읽고 프로이트를 읽고 마르크스를 읽으며 헤로도토스를 읽고 바이블을 읽는다고 한다. 근사한 말이다. 그들의 어법을 따르자면 공부란 읽는다는 말과 동의어다. 공부만큼 자신을 몰두하는 일이 없으니 읽기란 자신을 몰입시킨다는 말과 다르지 않다. 하지만 읽기 이전에 대상을 선택하는 행위가 먼저 있고 대상 선택은 완전히 자신만의 판단으로 이루어지지 않는다. 가치 있는 책에는 사회적 인정 혹은 통념이 끼어들기 마련이다. 읽기가 자신만의 결정임에도 거기엔 이미 외부의 개입이 전제된다. 외부 개입은 많은 경우 독서행위에 영향을 끼친다.

독서는 해석이기도 하다. 자신의 경험과 지식을 동원해 텍스트와 대화하고 충돌하는 행동이다. 텍스트에는 텍스트를 가치 있게 만든 역사의 무게와 전문가의 권위가 두껍게 쌓여 있어 독서는 텍스트 자체와 대면한다기보다 텍스트의 아우라를 확인하고 추인하는 과정일 가능성이 높다. 독서가 어려운 까닭이 여기 있다. 자기 의지를 힘껏 발휘해 정신을 고양시키는 고상한 행동인데도 확정된 가치를 재확인하는 작업에 그치는 이상한 결과. 그렇다고 독서행위가 만족감이 떨어진다거나 덜떨어진 행동이라는 뜻은 아니다. 세상에서 귀하게 여기는 유산을 맛보고 누릴 수 있는 것으로도 읽기는 훌륭한 일이다. 폄하할 필요는 없다. 그러나 독서가 지평을 넓히려면 다른 세계를 만드는 행위로 나아가야 하지 않을까, 자기만의 읽기를 통해.

'독학자의 공부' 시리즈를 구성하는 개개의 책들은 모두 3부로 구성했다. 책마다 약간의 차이는 있지만, 대체로 제1부는 텍스트를 둘러싼 외부의 객관적인 정보를 제공한다. 여기엔 지은이의 목소리가 끼어들 여지가 거의 없다. 남의 말을 선택해 재배열한 것일 뿐이다. 예비작업이기에 간결한 정보

제공이 그 임무다. 제2부는 텍스트 본문을 소개했다. 주석가들의 작업을 샘플로 실어서 텍스트 읽기의 실례(實例)를 보여 준다. 의도는 두 가지다. 하나는 고전의 가치가 후대의 다양한 읽기를 통해 풍부해졌음을 보여 주면서 동시에 다른 읽기가 가능하다는 암시를 주기 위해서다. 다른 하나는 가능하면 많은 글을 제시해 원문의 맛을 느끼고 원문으로 가는 길을 걸어 보도록 하려는 생각에서다. 고전 본연의 힘이 원문 중심으로 드러나도록 구성한 부분이 이곳이다. 제3부는 내가 읽은 고전의 모습이다. 제1부, 2부가 객관적이고 사회적으로 인정받는 가치를 제시했다면 제3부는 나 자신이 어떻게 읽었는지 사례를 보이고자 했다. 제목을 "독학자를 위한 고전 읽기"라 했으니 그 행동이 어떤 것인지 보여 주어야 하지 않겠는가.

제3부에 내 목소리가 담겼기에 공력을 제일 많이 들였다고 기억하는데, 돌이켜 보면 실상 제2부에 가장 많은 힘이 투입됐다. 나 자신의 목소리는 누구나 할 수 있는 설명 가운데 하나일 뿐, 원문을 뜯어 읽는 일이 백 마디 말보다 중요하다는 의식이 작용했던 게 아닐까. 자기 목소리를 내려면 텍스트를 읽어야 하고 어떤 경우든 자기 주장보다 텍스트가 우선한다는 생각이 우세했던 것 같다. 고전이라는 타이틀에 상응하는 텍스트의 빼어남이 내 목소리를 압도한 결과이고 그 생각은 틀리지 않았다고 판단한다. 다만 수록한 원문의 비중이 높

아 독자들이 읽기에 쉽지 않겠다는 불안감이 없지는 않다.

내가 선택한 네 권의 텍스트(『논어』, 『노자』, 『손자병법』, 『한비자』)는 어느 기준으로 보아도 하나로 묶이지 않는다. 내 선택 기준을 얘기하라면 '현실과 어떻게 관련되었나'라는 막연한 잣대를 썼다고 얘기할 수 있겠다. 텍스트가 탄생할 수 있었던 '시대와의 밀착도'가 판단 기준이었다. 그 기준에 따르면 『한비자』가 시대와의 밀착도가 가장 높다. 그다음이 『논어』로, 흥미롭게도 『논어』는 시대와 밀착하려 애를 썼음에도 불구하고 거리를 두려는 원심력도 함께 작용한다. 『손자병법』이야말로 전쟁이라는 당대의 중요한 과제를 다룸으로써 『한비자』보다 시대와 더 긴밀하게 얽혔다고 판단할 수 있으나 손자가 의도하건 의도하지 않았건 『손자병법』은 시대를 관통해 추상의 세계에까지 나아갔다. 그렇기에 『손자병법』은 놀라운 텍스트다. 『노자』에는 현실이 감춰져 있다. 개념으로 모든 걸 감싸면서 『노자』는 해석의 탄력성이 가장 높은 책이 되었다.

정확히 말하면 이들 텍스트는 시대와 현실에 어떻게 대응했는가라는 긴박한 문제의식을 가졌다고 말할 수 있겠다. 이 문제의식은 이들 텍스트가 쓴 언어에 조응한다. 아주 중요한 텍스트 『장자』가 빠졌는데 『장자』가 현실과 시대를 통찰

하며 그것을 '가지고 놀았다'는 점을 상기하면 다른 텍스트와 비교해 볼 수 있을 것이다. 『장자』를 떠올리면 『한비자』가 얼마나 진지하고 심각하게 시대를 고민하고 현실과 씨름했는지 알 수 있다. 『장자』와 『한비자』를 양극단에 두고 그 사이에 텍스트를 놓아 보자. 『한비자』 곁에 『논어』가 놓이고 그다음에 『손자병법』이 자리 잡으며 『노자』가 『장자』에 가깝다고 할 수 있을 것이다. 임시로 펼쳐 본 스펙트럼이지만 고전 읽기 시리즈에 사용하기엔 그런대로 쓸 만하다. 나만의 예시일 뿐이니 다른 배치가 얼마든지 가능하겠지만.

이런 구도를 파악하기란 각 책 제2부에 실은 예시문만으로는 역부족이다. 해서 제3부에 내 의견을 제시하되 충실하게 제2부의 공헌을 보충한다는 게 애초 기획이었다. 하지만 결과를 놓고 보니 제3부는 독학자를 위한 글에 더 가깝다. 독학자는 홀로 공부하는 사람이다. 홀로 공부하는 사람이기에 누구보다 "학이시습지, 불역열호"(學而時習之, 不亦說乎)의 말을 가장 잘 이해하고 체험하는 사람이다. 그러면서 독학자(獨學者)는 외골수로 빠지기 쉽고 곧잘 독단에 물들며 권위에 금방 투항한다. 고독을 견디기 힘들어 사회적 통념에 안이하게 타협하는 존재이기도 하다. 그렇기에 독학자는 독학(篤學)하는 사람이어야 하다. 독실한[篤] 공부란, 옛사람의 말을 따르자면, '널리 배우고[博學], 깊이 묻고[審問], 신중하게 생각하고[愼思], 분명하게 분별[明辯]하는 것'을 말한다. 독학자는 고독하기에 독실하게 공부해야 한다. 독학자는 입문자가 아니다. 입문해서 부지런히 나아가 자기 길을 찾는 사람이다. 입문했다 한들 언제까지 초보자로 남을 수는 없는 법. 그들은 어디엔가 묵묵히 살아간다. "숨어서 사는 이의 고운 마음을" 헤아리는 사람은 어디에나 있기 마련이다.

헤밍웨이는 『킬리만자로의 눈』이라는 소설 제사(題詞)에 이런 말을 써 놓았다. "(킬리만자로) 서쪽 정상은 마사이어로 '응가에 응가이', 신(神)의 집이라 부른다. 이 서쪽 봉우리 가까이에는 바싹 말라 얼어붙은 표범 시체가 하나 있다. 그 높은 곳에서 표범이 도대체 무엇을 찾고 있었는지 설명해 주는 사람은 지금껏 아무도 없다." 표범이 왜 거기서 죽었는지 설명해 주는 사람은 없어도 해석을 시도한 사람들은 적지 않다. '완성을 향해 가는 끝없는 추구.' 이것이 통상적인 해석이다. 나는 이 해석을 받아들이기로 한다. 독학자는 표범이다. 그러므로 이 책들은 '독학자'에 진정한 방점을 찍는다. 불안감 속에서 서투르게 혼자 길을 걷는 독학자들에게 이 책들이 자극이 되고 힘이 되길 바란다.

감사의 말을 꼭 따로 적고 싶다. 이 책들은 블로그에 연재했던 글을 모은 것이다. 마감에 쫓겨 서두르기도 했고 나중에 한 번 더 보리라는 생각으로 지나왔던 탓에 글이 흐트러진 꼴은 예상하고 있었다. 거기까지였으면 좋으련만 통독하고 보니 형편없는 볼품 정도가 아니었다. 마주한 글은 많이 무너져서 수리하는 선에서 그만둘 수는 없었다. 어떻게 손을 대야 하나. 교정쇄가 넘어왔을 때 지면에는 무수한 편집자의 주문이 붙어 있었다. 사려 깊은 의견, 예리한 지적은 말할 것도 없고 따끔한 코멘트에, 무엇보다 매서운 질문은 내 안이한 고민을 후려쳤다. 덕분에 수정하고 덧붙인 글이 적지 않다. 『노자』는 거의 새로 썼다고 할 수 있다.

이 모든 작업은 편집자와의 지면 대화가 있었기에 가능했다. 비문을 바로잡고 문장을 다시 쓰는 작은 일에서부터 문단을 만들고 조직을 구성하는 큰 일까지 긴장감을 유지할 수 있었던 건 편집자의 적극적인 참여 덕분이었다. 무릇 편집자의 존재란 이런 것이다. 편집자와 공동 작업을 했다 해도 과언이 아니다. 이 과정을 함께해 준 박순기 편집장에게 감사를 전한다.

2023년 9월

저자 쓰다.

차례

3부 시인과 철학자 … 121

| 일러두기 |

1 이 책에서 인용한 『노자』와 『노자』의 주석서 등, 한문 문헌의 한국어 번역은 모두 지은이가 옮긴 것입니다.

2 한문 문헌을 번역하여 인용한 경우, 독자들이 직접 한문 원문을 접할 수 있도록 번역문의 끝에 한문 원문을 수록했습니다. 단 인용이 길게 이어지는 경우에는 단락이 끝나는 곳에 해당 단락의 원문을 수록했습니다. 수록된 원문의 출처가 되는 도서는 권말의 참고문헌으로 정리하였으며, 이 책에서 인용한 한문 원문이 수록된 온라인 사이트도 함께 모아 참고문헌에 정리했습니다.

3 단행본의 제목에는 겹낫표(『 』)를, 『논어』, 『사기』 등의 편명에는 낫표(「 」)를 사용했습니다.

4 인명·지명 등 외국어 고유명사는 2017년 국립국어원에서 펴낸 외래어 표기법을 따라 표기했습니다.

들어가며 _ 해석의 탄력성

어떤 저작이든 저자가 있고 독자를 상정한 다음 독서행위가 작동한다는 전제에서 볼 때 『노자』는 희한한 책이다. 『노자』는 저자를 알 수 없다. 저자로 추정하는 노자는 '늙은이'라는 보통명사일 가능성이 크다. 설사 노자를 누구라고 특정한다 해도 『노자』라는 책을 설명하거나 이해하는 데 별 도움이 안 된다. 저자를 안들 저술과 별 관련이 없기에 저자가 숨었다고 할 수 있다. 『논어』와 비교해 보면 이 말뜻이 곧 드러난다. 『논어』를 읽으면 공자가 어떤 사람인지 그의 라이프 스타일에서 감정 습관과 기질, 인격까지 한 인간의 많은 모습을 알 수 있을 뿐 아니라 느껴지기까지 한다. 그런 면에서 『노자』는 저자가 안 보이는 저작이다.

『노자』는 어떤 독자를 상정한 것일까. 먼저 왕을 생각해 볼 수 있다. 독자가 왕이라면 통치술을, 치세에 도움을 주는 말을 전한다고 가정하고 그에 따라 책을 읽을 수 있다. 이때

『노자』의 핵심개념인 무위(無爲)를 어떻게 해석할 것인가가 문제가 된다. 유위(有爲)의 정점을 통치라고 할 수 있는데 “무위를 행한다”[爲無爲]고 전했으니 무위를 유위와 동일한 차원에 놓고 생각해야 한다. 무위를 유위하라는 말인데, 이게 무슨 소린가. 말장난일 뿐일까.

무위(無爲)는 가장 많이 설명된 말 가운데 하나일 것이다. 여전히 오해되는 말 가운데 수위(首位)를 차지하기도 할 게다. 한자를 풀어서 ‘하는 것이 없다’고 말들 하지만 의미는 알 수 없다. 무얼 하지 말라는 말인가. 많은 경우 그냥 아무것도 하지 말라는 말로 이해하고 넘어간다. 아니면 의미문자라는 한문의 속성(고전의 권위!)에 기대 뭔가 심오한 뜻이 있다고 지레짐작하고 속 깊은 해명을 해주지 않으면 믿지 않는다. 무위(無爲)라는 말에 대체 무슨 일이 생긴 것일까. 덕(德)이라고 표현한, ‘인간에게 천성적으로 주어진 잠재력 또는 능력, 힘’을 해치는 어떤 행동을 삼가고 하지 말라는 무위의 기본 개념이 서지 못해서다. 양생술이나 정치론과 같이 나중에 조건이 붙는 말부터 익히기에 개념이 엉킨 것이다. 노자가 말장난을 할 리 있겠는가.

『노자』의 저자를 모르고 독자를 상정하기 어려워도 우리는 일단 가진 증거를 통해 여러 가지를 추정할 수는 있다. 20세기에 들어와 발견된 출토자료는 귀족의 무덤에서 나왔기 때문에 저자는 몰라도 독자는 귀족이었다고 얘기할 수 있다. 당시 글을 읽을 줄 아는 사람들은 귀족층 통치계급이었으니 그들이 독자라는 사실은 예상과 크게 엇나가지 않는다.

노자가 소를 타고 세상을 떠날 때[出世] 관문지기[關尹]에게 써 준 글이 『노자』라는 전설이 있다. 저자가 누구이고 독자가 누구인지 나름대로 해명을 시도한 이야기로 해석할 수 있다. 저자를 알 수 없다는 답답함을 어떻게 해서라도 해소해 저자를 확정하고 텍스트에 성격을 부여하려는 노력의 산물로서 말이다. 문지기라 했으니 출세간의 사람이 아니라 이 세상에 사는 사람이 대상이고 어쩌면 경계선에서 이 세상과 저 세상을 둘 다 헤아릴 줄 아는 사람인지도 모르겠다. 책임자[尹]라 했으니 보통 사람이 아니라 글을 읽을 줄 아는 지식인 계급이리라.

왕이건 귀족이건 독자가 통치계층이라면 이들은 『노자』를 자신에게 도움이 되는 방향으로 해석했을 것이다. 당시 책이란 여가에 읽는 오락물이 아니라 공적(公的) 기능이 우선하는 것이었기에 '독서'라는 말에서 사적(私的)인 자기계발이나 개인의 재미추구를 떠올려선 안 될 것이다. 아직 그런 시대는 한참을 기다려야 하니, 공적 기능의 독서란 통치론의 차원에서 읽는 것일 수밖에 없다.

시대가 변하면 독서 태도가 바뀌고 다른 해석이 개입하

지만 전통 시대의 독서는 오랜 기간 공적 영역을 벗어나지 않았다. 『노자』는 독특하게 종교와 만나기도 했지만(도교의 여러 분파) 이때도 종교의 사회적 기능을 위한 독서에서 벗어나지 않았다. 새로운 사상가가 출현하고(한비자) 새 학문이 문호를 열어도(위진현학魏晉玄學의 경우) 다르게 해석된 『노자』는 통치론이라는 공적 성격을 잃지 않았다. 제한적인 독서라고 생각할 수 있지만 전통 시대의 전형적 읽기는 그러했다.

근대에 와서 공적 기능보다 개인의 독서가 우세해진다. 『노자』를 다르게 읽어도 어색하지 않은 시대가 도래했고 다른 해석을 권장하는 게 당연한 시대가 되었다.

『노자』는 어떤 글보다 해석의 여지가 컸다. 그 까닭은 설명보다는 일방적으로 선포하는 말하기(문장형식) 때문이다. 알아듣기 어렵긴 해도 공자는 끝없이 설명하고 설득했다. 어떻게 보면 설명과 설득이 공자 삶의 전부였다. 노자는 설명에 관심이 없다. "훌륭한 선은 물과 같다"[上善若水]고 말한다. 왜 선(善)이 물과 같은가. 가치 판단 진술에 물이 끼어드는 이유는 무엇인가. 노자는 설명하지 않는다. 우리는 직관적으로 이해했다고 '믿을 뿐이다'.

"절학무우"(絶學無憂)라고도 말한다. "배움을 끊어라. 근심이 사라질 것이다." 이 글귀를 읽는 사람들은 글을 아는 사람들이다. 배운 부류다. 이들에게 배움을 끊으라는 건 무슨 뜻일까. 사(士)계급이라면 자신의 지식과 학식을 팔아야 살 수 있을 터, 배움을 끊으면 굶어 죽으니 근심이 더할 뿐이다. 통치계급이라면 세상을 다스리는 데 백성에 대해서건 나라 형편에 대해서건 알아야 통치가 가능한데 배우지 말라 하니 근심은 더 커지기만 한다.

출세를 위한 이기적인 지식 익히기를 끊으라는 말로 읽어야 할까. 세상경영을 위한 인위적인 조작을 그만 배우라고 해석할 수도 있겠다. 낡은 지식 또는 현상 유지를 위한 곡학(曲學)을 버리고 새로운, 미래지향적인 지식을 배우라는 의도가 깔린 말일까. 배움 자체를 새롭게 정의한 것인가. 학자들이 흔히 지적하듯 유가에서 말하는 지식(전통적인 지식)을 끊으라는 말인가. 학(學)에 어떤 조건이나 제한, 유보조건을 단 것인가. 책을 읽으며 생기는 이 많은 질문에 대해 『노자』는 설명하지 않는다. 부지런한 독자는 시대와 견주어 보기도 하고 경쟁 학파와 비교해 따져 보기도 하며 어떤 독자는 그런 수고 없이 텍스트에 집중한다. 『노자』에는 배경도 역사도 상황도, 어떤 준거점도 없으므로 누구든 자유롭게 읽을 수 있다. 이 자유에서 누구는 답답함을 느껴 시대를 뒤지고 영향관계를 따져 묻고 동일한 언어를 구사하는 다른 저술을 살피기도 하면서 연구하는 데까지 나아가지만 그 또한 한 견해일 따름이다. 그렇다고 무한한 해석의 자유라는 환상으로 날아가거나 무책임한 방임으로 빠질 필요는 없다. 그럴 수도 없다. 『노자』를 읽는 시간 동안 갖는 어떤 힘(고양된 집중력)이 무분별을 제어하기 때문이다.

『노자』는 해석의 폭이 크다. 나는 그 가운데 전통적인 독법으로서 통치론을 선택했다. 내가 아직까지 신뢰하는 역사적 독법에 알맞기 때문이다. 개인 수양에서 국가경영까지 낙차가 크다. 해석의 넓은 진폭을 감당하면서 비약을 감행했고 제3부가 늘어났다. 성긴 논리가 비약하며 남긴, 문득 느낀 어지럼증이 글에 묻어 있다. 두렵다. 깔끔하지 못하구나, 지나온 길에 깔린 숱한 사금파리라니.

1부

『노자』는 어떤 책인가

老子

1장 _ 『노자』라는 텍스트

『노자』의 첫 문장

『노자』는 『논어』와 성격이 완전히 다르다. 문장이 다르고 문체가 다르며 내용도 다르고 형식·어조가 다르다. 지시하는 방향도 다를 수밖에 없다. 책을 읽으면 추상적이라는 말이 가장 먼저 떠오른다. 추상적인 게 어떤 의미인지 『논어』와 견주어 보면 단번에 알 수 있다.

『논어』는 사제 간의 대화 중심이기 때문에 문답체가 많다. 스승의 가르침을 일방적으로 기록한 게 『논어』의 특징이지만(스승문학master's literature의, 또한 서양에서 말하는 지혜문학wisdom literature의 특징이기도 하다) 등장인물이 있고 사건이 제시되고 진행되면서 일정한 서사를 그려 볼 수 있다. 여러 사람과의 대화 속에서 공자라는 인물의 인격이 그려지고 공자 이미지가 형성되는 것은 자연스럽고 필연적이다. 공자의 라

이프스타일까지 세밀하게 보게 된다(「향당」). 『논어』와 공자는 한 몸이다. 『노자』의 언어는 이와 다르다. 문답이 아니기에 대화가 없다. 『노자』는 통독한 후에도 노자라는 인격이 그려지지 않으며 이미지도 떠오르지 않는다. 『노자』는 노자를 지워도 책만으로 충분히 존재할 수 있다.

유명한 1장을 보자.

> 도를 도라고 이름 붙일 수 있으나 항상 그러한 도가 아니다. 이름을 어떠한 이름으로 부를 수 있으나 항상 그러한 이름은 아니다. 이름 없음이 천지의 시작이며 이름 있음이 만물의 어미이다.*
>
> 道可道, 非常道 ; 名可名, 非常名. 無名天地之始 ; 有名萬物之母.

어려운 글자 하나 없으나 리듬감을 주어 대구로 다듬어 아름다운, 그럼에도 알쏭달쏭한 글이다. 해석을 해도 추상성만 더 커질 뿐 의미를 알기 어려운 이 글은 무슨 말을 하려는 것일까. 이 말을 이해하기 위해 있음과 없음[有無]을 존재론

* '없음은 천지의 시작을 이름 붙인 것이며 있음은 만물의 어미를 이름 붙인 것이다'라고도 해석할 수 있다. 이때는 '유'(有)와 '무'(無)를 독립된 개념으로 본다는 점에서 본문의 문장과 차이가 있다.

적 관점에서 보자거나, 무명·유명을 따로 묶어 인식론적인 관점에서 보자거나 하는 식으로 해석을 한다. '도가도, 비상도; 명가명, 비상명'(道可道, 非常道 ; 名可名, 非常名)을 들어 인식의 한계를 거론하기도 하고, 언어의 임의성에 대한 강력한 발언으로 읽기도 한다. 인간이 언어를 벗어날 수 없지만 그 언어가 곧 인식의 최대치라는 점을 명심하라는 전언으로 읽는 통속적인 해석도 가능하다.

인용한 문장은 『노자』를 읽는 입구에 해당하므로 중요하다. 하지만 처음부터 무거운 개념어나 심오한 설명으로 긴장하기보다는 상식적인 선에서 생각해 보기로 하자. 언어는 사회적 약속임을 누구나 안다. 이때 사회적 약속을 기호라고 표현하기도 한다. 사회적 기호이기는 하지만 영구불변하는 것도 아니며 기호가 고정된 실체가 아닐 수도 있다. 시간과 공간에 따른 제약에 노출되어 있기 때문이다. 이런 언어의 특성을 언어의 유동성이라고도 하는데 언어의 유동성/가변성이라는 생각을 논리적으로 밀고 나가면 언어의 임의성까지 상정할 수 있다. 노자의 언어는 이 언어의 임의성을 문제 삼는다. 이는 언어가 완전하지는 않더라도 인간의 사고와 삶을 반영하기에 언어에 대한 일정 정도의 믿음을 전제로 하는 유가의 언어론과 차이가 있을 수밖에 없다. 도가의 '언어에 대한 불신'은 유명한바, 유가의 정명론(正名論)과 좋은 대조를 이룬다. 노자는 자신만의 세계로 들어가는 가이드를 명확하게 보여 준 셈이다. 적어도 그렇게 읽자고 타협할 수 있다. 그렇다 해도 『노자』의 세계가 평탄하게 펼쳐지지는 않지만.

이제까지 워밍업을 했으므로 '도가도, 비상도; 명가명, 비상명'(道可道, 非常道 ; 名可名, 非常名)에 대해 본격적으로 이야기해 보자. 『논어』는 첫 글자가 학(學)이어서 읽는 이가 배울 준비를 하면 그에 상응하는 가르침을 준다. 독자는 『논어』가 제시하는 배움의 단계를 따라 전진할 수 있다. 『노자』는 어떠한가. 『노자』의 첫 글자는 도(道)다. 도를 배우려 독자는 단단히 마음먹지만 노자는 도를 설명하지 않는다. 노자는 처음부터 도라는 궁극의 언어를 가져왔다. 그럼에도 대뜸 도는 임시로 이름 붙인 것일 뿐[道可道] 실체가 아니라고 한다.

도(道)가 무엇인지 개념으로만 얘기하면 까다로울 수 있으니 쉽게 접근해 보자. 언어 문제부터. 도는 추상명사다. 실체를 잡기 어렵다. 나무를 생각해 보자. 나무는 구체적 대상(지시대상)이 있기 때문에 금방 대상을 떠올릴 수 있다. 실재한다고 누구나 동의할 수 있다. 나무는 외부에 존재한다. 도는 이와 다르다. 존재한다고 합의해도 나무처럼 외부에 있는 게 아니라 관념 속 존재다. 나무와 달리 우리 내부에 존재한다. 대상을 내부·외부로 구분했지만 논의를 위해 구분한 것이지 대상을 인지할 때 외부다 내부다 가려서 받아들이지 않는다. 구분하고 분류하는 과정을 거치지 않는다는 말이다.

도는 추상적이기 때문에 오히려 그것이 무엇인지에 대해 합의가 가능할 수 있다. 뜻밖에 문제가 되는 건 나무다. '나무'라고 말할 때 그 지시대상은 특정한, 구체적인 한 나무가 아니다. 과거에 보았거나, 인상에 남은 나무, 혹은 어느 지역의 개별 나무를 말하는 게 아니라는 걸 누구나 안다. 발화자 A가 말하는 나무와 청자 B가 듣고 인지하는 나무는 서로 공통점이 있기에 대화가 가능하다. 어떤 대상이든 쌍방이 서로 이해하고 암묵적으로 동의하는 상호간의 공통요소를 상정하기에 소통이 될 수 있다. 통찰력 깊은 철학자 플라톤은 이 상정된 공통요소를 이데아(Idea)라 불렀다. 이데아가 두고두고 논의 대상이 되는 것은 이데아가 인간 정신이 작동하는 근거를 제시했기 때문이다. 이데아로 명명된 사고 활동이 바탕에 깔리지 않으면 어떤 대화도 불가능하다. 쌍방이 가리키는 대상이 다르기 때문이다.

노자는 도(道)는 상도(常道)가 아니라고 했는데 상도를 '이데아'로 설명할 수 있겠다. 도는 언어적 표현이지 지시대상[常道]과 완전히 일치하지 않는다. 개념적 형상화일 뿐이다. 도는 지시대상을 상정하는 언어 신호일 뿐이다.

그러나 '도(道)는 상도(常道)가 아니다'는 거기서 그치지 않는다. 두 가지 문제를 따져 볼 수 있다. 첫째, 노자가 도는 상도가 아니라고 했을 때 노자가 겨냥한 것은 언어의 한계가 아니다. 노자는 도와 상도의 관계를 염두에 두었다. 이 점이 중요하다. 노자는 언어와 지시대상의 관계에 집중했기 때문에 언어와 지시대상이 일치하지 않을 수 있으며 일치하지 않는다는 단계로 넘어가는 순간 언어와 지시대상 사이에 틈이 생긴다. 둘 사이에 틈이 있다는 게 환기되면서 언어를 보는 시각에 변화가 생긴다. 언어 자체가 홀로 존재할 수 있다는 생각. 언어의 한계가 문제가 아니라 지시대상과 언어가 일치하지 않는다는 발견, 다시 말해 지시대상에서 독립한, 독립할 수 있는 언어가 발견된 것이다.

언어가 지시대상의 부속물이 아니고, 의미를 항상 달고 다니는 게 아니라 독립적인 존재일 수 있음을 자각한 이상, 언어의 한계성(지시대상을 정확히 재현할 수 없다는 한계)에도 불구하고 자기만의 길을 갈 수 있는 새 지평이 열렸다. 무슨 말인가. 도(道)는 상도(常道)는 아니지만, 도(道)는 지시대상을 포괄하는 완벽한 말은 아니지만 도(道)라고 말하는 순간 독자/청자는 도를 머릿속에 떠올릴 수밖에 없다. 도는 대상을 사후적(事後的)으로 딱지 붙이는 도구가 아니라 지시대상보다 먼저 존재하고, 도(道)라고 얘기함으로써 도(道)라는 이데아가 환기되는 것이다. 통념과 달리 순서가 바뀌어서 대상이 있고 언어가 따라가는 게 아니라 언어기호가 우선한다.

반복하지만 언어와 지시대상 사이에 간격이 벌어졌기 때문에 언어를 지시대상과 별도로 운용할 여지가 생겼다. 그 틈으로 무수한 언어가 뛰어들 수 있게 된 것이다. 도(道)를 직접 지칭하고 설명하는 방식만이 아니다. 비유, 은유, 반어, 역설 등 무수한 언어 활용이 생겨난다. 이 점을 간파해 확대한 사람이 장자(莊子)다. 지시대상과 거리를 유지하는 언어는 더 이상 교화의 수단으로도, 지시하는 말로도, 진리를 담은 고귀한 그릇으로도 취급되지 않는다. 의미를 품은 말씀에서 벗어나 언어의 유희 가능성이 깨어난다. 언어유희와 언어게임의 탄생은 언어를 다른 차원에서 사고하도록 자극한다. 도가와 유가는 언어관이 근본적으로 다른 것이다. 유가가 의미와 대상의 일치에 집중하면서 경전의 언어가 되었지만 도가의 언어는 언어 자체를 대상화하면서 문학의 언어, 언어 자신을 반성하는 언어가 된다.

둘째, 언어와 지시대상 사이에 틈이 생겼다고 했는데, 그렇다면 상도(常道)는 존재하지 않는 것인가? 도(道)가 상도(常道)가 아니라고 해도 상도(常道)가 존재하느냐 존재하지 않느냐는 별개의 문제다. 도(道)의 실재 문제를 말하자면, 노자는 도(道)의 실재를 믿은 것 같다. 그러나 노자는 도를 논리적으로 설명하려 들지 않는다. 왜? 도는 설명하고 선포하는 대상이 아니라 느끼고 체득해야 하는 실체이기 때문이다. 노자는 도를 비유로 설명한다. 비유는 방편일 뿐이다. 노자는 언어를 벗어난 어떤 신령한 존재, 인간의 언어로 포착할 수 없는 어떤 실재를 감지하는 것 같다. 그것은 시(詩)로 에둘러 가리키고 느끼고 경험하라고 권할 수는 있으나 교육하고 직접 서술할 수는 없다. 이때 말하는 언어의 한계도 언어가 부족하다는 뜻이 아니라 언어에 국한된다는 뜻으로 해석해야 할 것이다. 언어 자체에 대한 사고가 언어에 집중하는 명가(名家)와 친연성이 있음은 말할 것도 없다.

'도(道)는 상도(常道)가 아니다'라는 명제로 문제가 되는 추상명사를 거론했으므로 이제 추상명사에 그치지 않고 이름 붙이는 모든 행위로 확대해 얘기가 진행된다. 그렇기에 다음 구절 "명가명 비상명"(名可名 非常名)이 나온 것은 자연스럽다.

노자의 언어 감각은 첫 구절에 도(道)와 명(名)을 거론함으로써 『노자』 텍스트가 어떤 성질의 문건인지 여실하게 보여 준다. 이렇게 준비를 해야 『노자』 읽기가 글자에 얽매이지 않는 자유를 얻을 수 있다. 첫 관문을 잘 통과해야 한다. 송나라 때 주희는 친구 여조겸과 함께 『근사록』(近思錄)을 편찬했다. 성리학의 주요 텍스트인 이 책은 『근사록』이란 제목에서 알 수 있듯 『논어』의 "가까운 것에서 생각한다"[近思]라는 말에서 따왔다. 성리학이라는 심오한 학문은 일상생활 가까이 친근한 것에서 시작해 고원(高遠)한 것에 이른다는 의미를 담았다. 그런데 『근사록』을 열면 첫 편이 도체(道體)라는 까다로운 말이고 첫 문장이 "무극이태극"(無極而太極)이다. '근사'(近思)라더니 대뜸 '무극이태극'이라고? 어떻게 읽으라는 말인가? 주희는 『노자』를 잘 읽고 그 뜻을 제대로 실천한 게 아닐까. 주희는 『노자』의 첫 구절과 같은 방식으로 『근사록』을 연 것이다.

다음 단계? 말을 하려면 언어가 필요하고 그 언어가 아무리 임의적이고 일시적이며 한계가 있고 수단에 불과하다 해도 언어의 세계로 들어와야 커뮤니케이션을 할 수 있다. 노자는 언어의 한계를 인정해야 한다거나 언어의 부정확성을 말하거나 언어는 함정·올가미라고 얘기하는 게 아니다. 오해와 달리 거꾸로 언어화할 수밖에 없고 언어화해야 하는 상황임을 말한다. 노자는 언어가 핵심문제임을 간파한 것이다. 그는 언어가 자연스럽고 당연한 전제임을 승인하지 않는다. 언어는 지시대상과 지시대상을 가리키는 기호로 이루어지는데, 노자가 말하는 것은 지시대상과 기호 사이의 분리가능성이다. 노자는 기호로서 언어를 사용한다. 언어는 자연이 아니다. 언어는 기호라는 물질이며, '나는 언어의 한계를 알고 있지만 그 안에서 말을 하겠다'라고 노자는 선언한다. 그걸 이렇게 간결하게 대구에 운율을 맞추고 리듬에 실어서 말한 것이다. 노자는 '언어의 세계로 들어온 것을 환영합니다'라고 말한다. 인사말은 짧아야 하지 않겠는가.

다채로운 책, 『노자』

『논어』가 산문의 세계라면 『노자』는 운문의 세계다. 노자는 설명하려는 것일까, 암시하려는 것일까. 자신의 세계를 펼쳐 보이려는 것일까. 비의(秘義)는 언어로 표현될 수 없으므로 흔적만을 드러내려 한 것일까.

다른 질문. '도가도, 비상도; 명가명, 비상명'(道可道, 非常道 ; 名可名, 非常名)을 가져와 설명을 시도해 보았지만 왜 첫 장부터 까다로운 이야기를 하는 걸까 물을 수 있다. 이는 정당한 의문이다. 여기에는 『노자』의 판본 문제와 전승(傳承)에 대한 질문이 숨어 있기 때문이다.

또 다른 질문이 따라온다. 『노자』는 추상적이고 개념적인 언어로 가득 찬 글인가. 대답은 '그렇다'이다. 그렇다면 다른 내용은 없는가. 당연히 다른 내용도 있다. 몇 가지를 보자. 먼저 스승문학의 특징인 잠언투의 지혜가 담겼다. "위대한 곧음은 굽은 것 같고, 위대한 솜씨는 졸렬해 보이고, 위대한 말씀은 어눌한 말 같다"[大直若屈, 大巧若拙, 大辯若訥 / 45장]. 도가의 역설을 보여 주는 대표적인 말이지만 비유가 훌륭하고 외우기 쉽고 내용이 풍요로워 말맛에 먼저 끌린다.

되풀이하건대 고전을 읽는 이유가 지혜를 얻는 것인바, 노자는 벌써 당시에 통렬한 질문을 던진다. "명예와 몸, 무엇이 소중한가? 몸과 재물, 무엇이 귀한가? 재물을 얻는 것과 건강을 잃는 것, 무엇이 병이겠는가?"[名與身孰親 ; 身與貨孰多 ; 得與亡孰病 / 44장] 이름과 재물(명예욕과 경제력)에 자신과 건강을 잃어버리는 현상은 고금이 다르지 않다는 말인가. 노자는 통쾌하게 말한다. "아는 사람은 말하지 않는다. 말하는 사람은 모르는 것이다"[知者不言 ; 言者不知 / 56장]. 멋진 글을 써서 발언하고 싶은 욕망이 들끓는 세상에서 입을 다물라는 절제를 얘기한 것일까.

노자는 유머를 구사하는 명문을 쓰기도 한다. "훌륭한 선비는 도를 들으면 부지런히 실행한다. 중간 정도의 선비는 도를 들으면 긴가민가한다. 못난 선비는 도를 들으면 크게 비웃는다. 비웃지 않으면 도가 될 수 없다"[上士聞道, 勤而行之 ; 中士聞道, 若存若亡 ; 下士聞道, 大笑之. 不笑不足以爲道 / 41장]. 상사에서 하사로 내려가는 단계에서 그들의 행태를 설명할 때 독자의 허를 찌른다. 하사가 문제이기 때문에 문장의 리듬을 흐트렸다. 그리고 마지막 문장이 앞 문장을 뒤집으면서 문장 전체가 생기를 얻는다. 마지막 문장 때문에 의미가 증폭됐다.

문장을 제대로 구사한 솜씨라 명문이 된다. 도를 비웃는데 그를 받아들일 줄 아는 넉넉함이 바로 유머의 본질이기도 하고. 이런 금언은 어떤가. "남을 아는 자는 지혜롭지만, 자신을 아는 사람은 총명하다"[知人者智 ; 自知者明]. "남을 이기는 자는 힘이 세지만, 자신을 이기는 사람은 강하다"[勝人者有力 ; 自勝者强]. "만족을 아는 사람이 부자이며, 부지런히 실행하는 사람이 뜻을 이룬다"[知足者富 ; 强行者有志]. "자기 자리를 잃지 않는 사람이 오래가며, 죽어도 사라지지 않는 것이 장수를 누리는 것이다"[不失其所者久 ; 死而不亡者壽]. 유가에서 높이 평가하는 지(智: 지식이자 지혜)에 대한 비판이 이런 글들에 숨어 있으며 장수[壽]가 현세에 오래 사는 것이 아님을 명백히 선언했다. 흥미로운 글이다.

이런 지혜의 말과 금언을 읽다 보면 어느새 양생론(養生論=장생술長生術)*이 나오기도 하고, 유가와 다른 정치철학이 전개되기도 하며(유가에 대한 패러디와 뒤집기가 인상적이다), 통치술이 이야기되기도 한다(『한비자』가 발전시킨 부분이다). 누군가는 병법(兵法)을 읽어 내기도 하며, 어떤 이는 여성성(femininity)을 발견해 생태철학과 함께 논하기도 하며, 누구는

* 양생술은 방중술(房中術)과 연결되어 인간의 성(sex)에 대한 통찰력 있는 글이 보이기도 하는데 이 부분은 주석가의 글이 훨씬 구체적이다. 이는 후술하기로 한다. 양생술은 한대(漢代) 이후 『포박자』(抱朴子)라는 책으로 집대성된다.

소박함[樸, 통나무]을 중심으로 반(反)문명과 문명 비판의 근거를 찾기도 하고 나아가 반폭력·평화주의를 간취하기도 한다.

"오천언"(五千言)으로 흔히 불리는 5천 자 남짓의 이 짧은 텍스트는 무엇이기에 숱한 사상의 연원이 되었으며 지속적인 영향력을 행사하는 것일까. 『노자』라 하기도 하고 『도덕경』(道德經)이라고 부르기도 하는 이 책의 저자가 누구이기에 이처럼 심오한, 깊은 우물 같은 책을 쓸 수 있었을까. 저자 노자(老子)에 대해 알아볼 차례다.

2장 _ 노자는 누구인가

노자와 한비자

노자에 대한 기록은 사마천의 『사기』 「노자한비열전」(老子韓非列傳)에 보인다. 제목에 주의할 필요가 있다. 사마천은 노자와 한비자를 하나로 묶어 전을 지었다. 현재 이 글의 제목은 「노장신한열전」(老莊申韓列傳)으로 통용되는데 노자와 한비자 사이에 장자와, 법가의 원조 중 한 명이라 할 수 있는 신불해(申不害)를 넣어 입전(立傳) 인물을 모두 제목에 올렸다. 「태사공자서」(太史公自序)에 「노자한비열전」으로 기록된 것을 보면 현재 통용되는 제목은 후대에 수정된 것임을 짐작할 수 있다. 후대의 수정은 전 전체의 윤곽을 보여 준다는 점에서 색인 역할을 하는 장점이 있긴 하지만 원제목이 가진 드라마틱한 성격이 흐려졌다. 노자는 무위(無爲)를 주로 하는 인물로 알려졌고 한비자는 법가(法家)라는 유위(有爲)의 도를 주장했다. 두 사람이 양극단에 있는 사상가로 생각하도록 고대 사상가들을 자리매김하는 통념에 비추어 보면 사마천의 결합은 '이게 뭐지' 하고 놀랄 수밖에 없도록 짜인 것이다.

사마천은 왜 이 두 사람을 하나로 묶었을까? 답은 한비자가 『노자』 최초의 주석서라 할 「해로」(解老)와 「유로」(喩老)를 썼다는 데 있다. 한비자는 법의 원천을 도(道)로 보았고 도(道)가 모든 존재와 상(像)의 뿌리라는 점을 간파했다. 『노자』를 읽고 배운 것이다. 법은 도구적 운용 수단에 그치는 것이 아님을 밝히고, 사회의 근원적 토대라는 성격을 법에 부여하려 했기 때문이다. 간단히 언급했지만 한비자의 안목은 쉽게 요약할 수 있는 정도를 넘어서기에 한비자의 주석 작업에 대해서는 뒤에 상술하기로 한다. 사마천은 노자의 한 줄기가 한비자로 흘러 들어갔기에 노자를 한비자의 근본으로 보고 동일선상에 놓았던 것이다. 이렇게 보면 노자를 유위(有爲)의 방향에서 읽을 수 있다는 가능성과 암시로도 해석할 수 있다.

세 명의 노자

노자 전기를 보면 놀랄 만한 점이 있다. 노자의 전기를 읽고 독자는 혼란스러워진다. 노자가 누구인지 알 수 없게 되기 때문이다. 사마천은 '노자전'에서 세 명의 노자를 기술한다. 정리된 정보를 제공한다는 측면에서 보면 비효율적인 작성 방법일 뿐만 아니라 세 명을 열거하고 자신의 의견을 드러내지 않는다는 점에서도 황당한 전이다.

세 명의 기록을 보자. 한 사람은 이씨(李氏) 성(姓)에, 이(耳)라는 이름에다 담(聃)이라는 자(字)를 가진 초나라 사람. 이 인물은 공자를 만난 일을 중심으로 기록되었다. 주(周)나라의 문서담당관[史]이었다가 주나라가 쇠하자 서방으로 소를 타고 떠났는데 함곡관에서 윤희(尹喜)에게 글을 써 주었다는 말도 보인다. 『노자』라는 텍스트의 탄생을 알려 주고 싶어서였을 것이다. 여기서 『노자』는 단일 저자에 의한 책이라는 환상이 생겼다. 사마천은 그다음으로 공자와 동시대인으로 알려진 노래자(老萊子)를 짧게 기술한다. 마지막 인물은 진(秦)나라 헌공(獻公)을 만난 주(周)나라 태사(太史) 담(儋). 태사 담은 중국 통일을 예견하는 예언자로 그려졌다.

사마천은 이 세 인물을 기록하면서 공자보다 연로한 스승의 모습으로, 공자와 동시대인으로서, 마지막으로 공자 사후 130년 뒤의 인물로 노자를 기록했다. 공자를 기준으로 노자를 기록했다는 점이 흥미를 끈다. 전기 마지막에는 노자의 자손을 기록해 실존성을 강조한 점도 특기할 만하다. 우리가 노자에 대해 알고 있는 사실과 이미지가 모두 담겨 있는 기록이기는 하나 사마천 자신도 저자를 확정하지 못한 점이 호기심을 더 부추긴다.

한나라 사람들은 사마천의 기록을 읽고 어떤 반응을 보였을까. 신비하다는 인상을 강하게 받지 않았을까. 사마천은 노자를 문서담당관으로 기록했다. 한대에 오면 문서담당관은 공적 서류와 문헌을 다루는 데 그치지 않고 천문(天文)과 역법(曆法)에 관한 일도 하게 된다. 사마천 자신이 점성술과 관련된 일을 하면서 역법 개정에 관여하기도 했다. 한대에 문서담당관이라는 말에는 천지의 운행과 질서를 파악하는 사람이라는 신비적 아우라가 덧붙어 에워싼다. 사마천은 예언자로서 노자의 모습을 마지막 인물을 통해 보여 주었는데 한나라 사람들이 품었던 신비주의자로서의 노자의 인상이 문서담당관이라는 말을 통과하면서 더 강화되었을 것이다.

신비주의자로 보는 착오는 사마천이 의도한 바는 아니었겠지만 독서행위에서 시대착오는 빈번하게 일어나는 현상임을 기억할 필요가 있겠다. 주나라 때 문서담당자와 한나라 때 문서담당자는 맡은 임무가 달랐다. 한나라 사람들은 자신들이 품고 있던 한나라 당대의 문서담당자라는 인식을 품고 시대를 거슬러 올라가 주나라의 문서담당자 노자를 이해했고 그 이미지의 핵심은 신비주의였다. 『노자』라는 책에 신비주의적 면모가 강하다는 사실과도 잘 매치되는 양상이다.

주나라 태사 담(儋)이라는 기록을 두고 다르게 주목할 수 있다. 태사 담에 관한 언급은 사마천의 『사기』 본문에 세 번 언급되면서 중국 통일에 대한 예언을 거듭 알려 준다. 주석가들은 주로 진시황의 통일을 염두에 두고 이 구절을 해석한다. 노자전에서 이 구절을 볼 경우 태사 담이라는 인물이 노자로 거론된다는 자료로서 단순하게 올린 게 아니라, 이 시기(기원전 240년경)를 『노자』라는 책의 성서(成書) 시점으로 보고 그에 대한 표식으로 인물전을 삽입했다고 다른 각도에서 해석할 수 있겠다. 노자라는 인물보다 책을 부각하기 위해 사람을 기록했다고 이해한 주석가들의 견해다.

재구성된 저자

사마천의 기록을 종합해 보자. 사마천은 세 사람을 기록했다. 세 사람은 각기 다른 인물이다. 그렇지만 공자를 중심으로 전후로 배치되었고 신비주의적인 면을 공통으로 지니면서 노자라는 하나의 이미지로 수렴된다. 다르면서도 하나를 이루는 기이한 일이다. 중요한 점은 노자라는 어떤 정체불명의 인물이 아니라 『노자』라는 책에 주목해야 한다는 사실이다. 사마천이 노자전을 쓴 것은 인물을 기록하기 위해서라기보다

『노자』라는 책 때문에 저자를 재구성한 것이었다. 이런 현상은 『한비자』나 『장자』에도 적용된다. 뛰어난 책의 존재가 저자를 상상하게 만들었고 저자를 탐색하게 이끈 것이다. 따지고 보면 저자가 궁금했던 것이지 저자를 확정하려는 시도가 아니었다. 책이 선행하고 저자를 뒤쫓아가는 여정이 사마천의 전기일 터, 그 흔적이 지금 우리가 읽는 전기다.

『노자』의 경우는 또 특수한 문제가 있다. 『한비자』나 『장자』에는 저자를 상상할 수 있는 자료들이 텍스트 안에 존재해 이를 전기화할 수 있는 여건이 되지만(이것도 단순하지 않다. 사마천이 전기 자료로 쓴 텍스트 내 진술이 픽션일 가능성도 배제할 수 없기 때문이다) 『노자』는 추상적인 언술이 대부분이어서 저자가 오리무중이라는 데 문제가 있다. 결국 사마천은 여러 전승을 그러모으는 수밖에 없었다. 예컨대 공자와 노자의 만남 같은. 노자가 여럿이라는 사실 자체가 『노자』라는 책의 성질에서 필연적으로 생길 수밖에 없었던 것이다.

강조하지만 사마천은 근대적 개념의 저자상을 추구해 작품의 소유권을 확정하려는 게 아니었다. 고대 문헌의 전승과 발전, 가필, 개작이라는 측면에서 보면 근대적 재산권과 밀접한 소유권과 저자 귀속은 이상한 사고일 수 있다. 단일 저자의 통일된 작품이라는 근대의 시대착오가 여기서도 발생한다. 여러 사람을 기록해서 노자라는 인물을 다양한 이미지로 분

산(?)시킨 것이 『노자』라는 책의 성질을 더 잘 보여 준다고 해석할 수도 있다. 『노자』를 균질한 단일 저작으로 볼 수도 있지만 전승과정에서 다듬어지고 세련화된 공동 저작이라는 관점에서 볼 수도 있기 때문이다. 복수의 저자를 상정하거나, 혹은 오랜 시간 전승되면서 다듬어졌다고 봐야 온당할 것이다. 이런 인식 변화가 『노자』 읽기를 더 풍성하게 만들 수 있다.

정리해 보자. 지금까지 전해지는 고대 문헌이 대부분 저자가 분명하지 않거나 어떤 학파의 공통 저작이라는 사실을 다시 환기할 필요가 있다. 고대 문헌을 읽을 때는 근대적 저자와 저작 관념을 내려놓는 것이 올바르다. 저자성(著者性)보다는 노자의 목소리에 집중해야 하는 까닭이기도 하다. 『노자』는 저자가 없어도, 저자를 궁금해하지 않아도 좋을 만큼 개념으로 다져진 목소리를 가졌다. 『논어』를 읽으면 인간 공자를 떠올리지 않기란 불가능하지만 『노자』는 저자를 떠올리지 않아도 상관없다. 두 텍스트는 이 점에서 완전히 다르다. 『논어』는 공자 없이 존립하기 어려운 텍스트이지만 『노자』는 저자가 사라져도 무방한, 담론으로 가득한 텍스트다.

그러나 『노자』를 읽기 전 통과해야 할 관문이 하나 더 있다. 『노자』 텍스트가 하나가 아니라는 사실. 『노자』의 판본을 훑어봐야 한다.

3장 _ 판본과 오리지널리티

『노자』의 판본

현재 볼 수 있는 『노자』 판본은 다섯 종을 거론할 수 있다. ① 왕필본 ②하상공본 ③상이본 ④백서본 ⑤곽점본. 이외에도 거론되는 판본이 없는 것은 아니나 대표적으로 이 다섯 가지가 『노자』 판본의 전부라고 말할 수 있을 것이다. 판본이 중요한 까닭은 시대순으로 보았을 때 고본(古本)을 확정해 텍스트의 성립을 알 수 있고 이를 토대로 다른 중요 텍스트와의 관계를 따지는 기준점을 마련할 수 있기 때문이다. 하지만 『노자』의 경우 다른 텍스트에서 보기 힘든 다양한 판본은 간단치 않은 문제를 제기한다. 다섯 가지 판본이 일관된 체계를 가지고 연결돼 있는지 계열화할 수 없기 때문이다. 그렇다고 전혀 다른 성격의 글도 아니어서 텍스트의 이동(異同)은 미묘한 파동을 일으킨다. 먼저 각 판본의 특징을 간략하게 살펴보고 전반적인 문제를 생각해 보자.

왕필본

시중에 가장 널리 통용되는 노자 판본은 왕필(王弼)이 주석을 단 텍스트다. 판본 중에 가장 늦어서 위진남북조 시대에 완성되었다. 위(魏)나라 정시(正始) 연간(240~249)을 통상 위진현학(魏晉玄學)의 발생기로 보는데 왕필은 226년에 태어나 249년에 세상을 떠났다. 스물세 해를 세상에 머무는 동안 『주역』(周易)에 주석하고 『노자』에도 주석을 달아 후대에 깊은 영향을 끼쳤으니 천재라는 말을 들을 만하다.

위진현학을 논할 때 삼현경(三玄經)이라 해서 『노자』, 『장자』, 『주역』을 기본 경전으로 삼아 사상과 논리를 구사한다고 얘기한다. 이 말에는 위진시대 학풍이 이전 시대 한나라에서 성했던 유학의 학풍과 다르다는 차별을 강조하기 위해 차이를 과하게 적용한 혐의가 없다고는 할 수 없다. 예컨대 『논어』 연구에 귀중한 문헌이 하안의 『논어집해』(論語集解)다. 하안은 왕필과 동시대인으로 왕필을 잘 알고 그의 재주를 아꼈으며 『논어집해』도 이 시기에 나온 것이다. 하안의 『논어집해』에 대한 평(評) 가운데 위진현학의 기풍이 강하다는 통설이 있다. 틀린 말은 아니나 위진시대를 현학의 시기로 보고 현학을 기반으로 『논어』를 해석했다는, 비유학적(非儒學的)

접근이 『논어집해』에 투영됐다는 설명인데 검토해 보면 신뢰하기 어려운 말이다.

하안과 왕필은 『주역』을 중시해서 『주역』의 세계관과 철학으로 각각 『논어』와 『노자』를 주석했다. 남아 있는 글은 많지 않지만 왕필이 『논어』 주석을 남겼다는 사실도 기억할 필요가 있다. 당시에는 『주역』이 공자가 남긴 글이라는 게 일반적 인식이었기 때문에 『주역』에는 이미 유학적 가치가 깊이 담겨 있었다. 현학의 토대가 도가(道家)이기도 하지만 유학적 세계관이 고갱이에 자리 잡고 있었다는 사실을 간과해서는 안 된다. 바꿔 말하면 현학이라 해도 유학적 세계관에서 통섭한 학풍일 수 있다는 가능성에 무게를 둘 수도 있다. 시대를 구분하면서 각 시대의 학풍과 문학사조, 사상, 종교 등을 구분하는 작업은 늘 존재했고 손쉬운 설명방식이긴 하나 놓치는 부분도 많다는 사실도 염두에 두어야 할 것이다.

왕필본은 『노자』의 전체 81장을 상하로 나누었는데(상편은 1장~37장, 하편은 38장~81장까지이다), 상편에 해당하는 부분을 '도경'(道經), 하편을 '덕경'(德經)이라고 부르기도 한다. 『노자』를 '도덕경'이라 하는 것도 상하편의 편명을 합쳐 부르는 데서 왔다. 아예 『노자 도덕경』이라고 칭하기도 한다. 유명한 1장, "도를 도라고 이름할 수 있다면 상도(常道)가 아니다"[道可道, 非常道]라는 말은 책 전체의 전제를 설명하면서 언어에 대한 깊은 통찰을 보여 주어 널리 알려졌다. 1장의 말이 도를 전면에 내세웠기에 '도경'이라 부른다. 하편이 시작되는 38장은 "최고의 덕은 덕이라고 생각하지 않는다. 그 때문에 덕이 있다"[上德不德, 是以有德]로, 덕을 강조하는 말로 시작하기에 '덕경'이라 부른다. '도경'과 '덕경'의 분류는 편의적인 게 아니다. 상하편으로 나눈 것은 충분한 이유가 있는데 도경은 언어에 대한 자신의 생각을 포괄적으로 던지고 시작한 데서 감지할 수 있듯 추상적이고 개념적인 글이 주류다. 덕경으로 불리는 하편은 도경에 비해 실천적인 면이 강해서 통치철학과 관련해 읽을 수 있는 부분이 대다수다. 왕필본이 도경을 앞에 두었다는 점은 그의 관심이 어디 있는지를 가늠케 한다.

현재 통행되는 노자 텍스트는 왕필본, 정확히는 왕필주석본이다. 『노자』를 읽는다는 것은 실질적으로 왕필주석본을 읽는다는 말과 동의어다. 왕필본이 중요한 것은 그의 주석이 훌륭하기 때문이다. 편의상 판본으로 다루었지만 그의 주석을 읽어야 왕필의 진가를 알 수 있다. 주석에 대해서는 후술하기로 한다. 왕필이 주석 작업을 할 때는 『노자』의 특정 판본이 이미 주어진 상태였다. 『노자』는 한나라 이전에도 존재했는데, 이는 왕필 이전에도 사람들이 『노자』를 읽었다는 뜻이고 많은 경우 왕필이 읽었던 것과 다르지 않았을 것이다. 왕필은 자신에게 주어진 어떤 텍스트로 작업을 했고 그 텍스트는 한나라 때 유행하던 텍스트였다. 하상공본이 그것이다.

하상공본(河上公本)

하상공본에 대해서는 성립 시기를 두고 전한 시기까지 올려 보는 사람이 있고 후한 시기로 추정하는 학자들이 있다. 하상공이란 인물을 알 수 없어서 생긴 현상이다. 요컨대 왕필본보다 앞선 시대의 텍스트다. 하상공본이 귀중한 까닭 역시 주석에서 특징이 도드라지기 때문인데 여기서는 판본의 특성을 간단히 살펴보기로 하자.

하상공본도 81장이지만 전체를 네 파트로 구분했다는 것이 특징적이다. 권1은 1장~16장, 권2는 17장~37장, 권3은 38장~59장, 권4는 60장~81장이다. 특이한 점은 각 장마다 두 글자로 제목을 붙였다는 사실이다. 1장은 '체도제일'(體道第一)이라 했고(왕필은 이 판본을 가지고 자신의 주석을 붙인 것으로 보인다. 1장 본문은 왕필본과 차이가 없다), 왕필본의 덕경이 시작되는 권3의 39장은 '법본제삼십구'(法本第三十九)라 했다. 하상공본 39장에는 왕필본의 39장과 본문 글자가 다른 게 보인다. "시이후왕자위고과불곡"(是以侯王自謂孤寡不穀, "이 때문에 제후와 왕은 스스로를 고, 과, 불곡이라 부른다")이라고 왕필본에 보이는데 하상공본에는 불곡(不穀)이 불곡(不轂)으로 되어 있다. 의미에 약간 차이가 있다. 왕필본의 불곡(不穀)은 곡

(穀)이란 글자가 선(善)과 같은 뜻이어서 왕이 자신을 '착하지 않다'고 말하는 겸사의 의미가 드러나 고(孤)나 과(寡)라는 말과 동일 차원의 의미맥락임을 알 수 있다. 하상공본의 불곡(不轂)은 용례가 없는 말이어서 알기가 쉽지 않다. 하상공이 주석을 붙여 해명하는 수밖에 없다. 하상공의 주석은 이렇다. "수레바퀴통[轂]에 여러 바큇살[輻]이 모여 끼워져 있는 것처럼 할 수 없다는 걸 비유했다"[喩不能如車轂爲衆輻所湊]. 『노자』 본문에 곡(轂)과 관련해 언급한 곳이 있기 때문에 타당성이 없다고는 할 수 없다. 하상공이 주석을 붙인 작업은 판본 문제를 넘어 주석과 관련되므로 그때 다시 언급하기로 하자.

한 가지 의문점은 남는다. 과연 왕필이 본 게 정말 하상공본일까. 여기서 하상공본이라 함은 하상공 주석본을 말하는 게 아니라 본문을 말한다. 왕필이 하상공본을 저본으로 삼았다면 간간이 보이는 글자 차이는 왜 생기는 것일까. 미세한 차이지만 글자가 다르다는 사실은 왕필이 하상공본과는 다른 판본을 봤다는 걸 나타내는 것일까. 아니면 불곡의 경우처럼 문맥이나 글자가 이상해서 교정이나 가필을 한 것일까. 후대 사람이 글자를 고치거나 손대는 일은 원전 훼손이 아니라 으레 할 수 있는 당연한 작업이었기 때문에 그것을 트집 잡아서는 안 된다. 그런데 몇 곳에 보이는 글자 차이만이 아니다. 왕필본에 하상공본과 같은 식의 제목이 없고 총 권4로 나는 것을 상하로 편집한 것으로 판단한다면 왕필이 다른 판본을 보았을 가능성도 배제할 수 없을 것 같다. 앞서 왕필이 하상공본을 보았을 수 있다는 언급도 추론에 불과한 것. 이렇게 텍스트의 전승 과정에 대해서는 각 판본 간 글자 차이를 보면서 이런저런 설명을 붙일 수 있다. 그런데 이렇게 추론하는 것을 넘어 실증적인 탐구 기회가 생기기도 하는데 『노자』가 드라마틱한 예라고 할 수 있다. 20세기 들어 노자의 다른 텍스트가 발견됐기 때문이다.

상이본(想爾本)

문헌으로만 전해지고 실물은 사라졌던 상이본이 1900년 중앙아시아 둔황의 막고굴에서 발견된다. 상이본은 주석본을 가리킨다. 해당 주석 내용은 주석을 조명하는 부분에서 거론될 것이므로 여기서는 간단하게 체계와 다른 판본과의 두드러진 차이를 얘기하고 넘어가도록 하자.

당나라 때까지 제법 유행했다는 기록이 있는 것으로 봐서 상이주(注)는 한나라 이후 독자층이 상당했으리라 추정할 수 있다. 상이주는 후한의 오두미도(五斗米道)라는 도교계통의 종교와 밀접한 관련이 있다. 오두미도의 경전(經典)이었던 것. 『노자』 주석본이 종교 경전이라는 사실은 상이주를 읽는 키워드다. 『노자』 텍스트의 어떤 면이 종교 교단을 형성하는 데 자극을 주었다는 말과 다르지 않기 때문이다. 상이주가 종교와 관련이 있다는 사실 때문에 상이주를 흔히 도교(道教) 텍스트로 보는 경향이 있다. 다른 텍스트는 도가(道家)로서 학문적 대상이라고 한다면 상이주는 종교 영역에서 다루는 것이라고 생각하는 태도를 말한다. 동일성이 유지되는 텍스트를 유가, 도가, 법가처럼 학파(school)로 보는 관점과 종교(religion) 텍스트로 분리해 보는 방식이 옳은지 자신할 수 없으나 고대의 학파 중심으로 제도교육과 아카데미즘이 형성된 현행 지식체계는 어떤 면에서 배제와 폭력의 원리가 작동하는 게 아닌지 의심이 들기도 한다. 상이주가 많이 알려지지 않은 까닭도 '특정 종교'의 경전이라는 종교에 국한된 사고가 작동해서 관심의 폭이 좁아진, 그리고 타의에 의해 좁혀진 탓일 것이다.

상이주본은 오두미도와 성립 시기가 일치하므로 후한으로 시기를 확정할 수 있다. 하상공본은 확신할 수 없어도 왕필이 상이주본을 보았을 가능성을 생각해 볼 수도 있겠다. 안타깝게도 상이주 둔황본은 상권(도경)만 전하는 낙질본으로 3장 일부부터 37장까지만 남아 있다. 왕필본과 비교해 보면 글자 출입이 적지 않다. 3장만 보더라도 왕필본은 "성인의 다스림은 마음을 비우고 배를 채운다"[聖人之治, 虛其心. 實其腹]라고 했는데 상이주는 "성인의 다스림은 마음을 허령(虛靈)

하게 하고 배를 채운다"[聖人治, 靈其心. 實其腹]라 했다. 크게 의미 차이는 없다. 상이주본은 세 글자씩 규칙적으로 썼는데 외우기 편하도록 하기 위해서가 아닐까 추측해 볼 수 있다. 6장에서도 왕필본은 "아득한 암컷의 문을 하늘의 뿌리라 한다"[玄牝之門, 是謂天地根]라 했는데 같은 문장을 상이주본에서는 "현빈문, 천지근"(玄牝門, 天地根)이라 했다. 상이주는 허사를 비롯한 기능어에 무심한 경향이 있다고 할까. 전체적으로 왕필본이 읽기 수월하다. 왕필본도 보조어와 허사를 최소화했지만 상이주본과 비교하면 연결어들이 곳곳에 놓여져 독해를 도와주기 때문이다.

세 가지 판본을 비교해 보자. 상이주본과 하상공본이 공존했다면 왕필은 두 가지 판본을 다 보지 않았을까. 전체적으로 세 텍스트는 큰 차이가 없다. 글자 출입이 보이기는 하지만 전통시대 글쓰기 관습에 비춰 볼 때 용인할 만한 수준이라고 생각할 수 있다. 하상공본이 체계 면에서 볼 때 특이하다면 특이해서 소제목을 붙이고 4권으로 나눴다. 상이주본과 왕필본은 텍스트를 상하로 나눴고 글자 차이가 좀 더 눈에 띄긴 하지만 역시 완전히 다른 판본이었다고 판정하기엔 주저된다. 그렇다면 세 가지 판본은 동일 계열의 어떤 판본이 주석가의 손에 의해 조금씩 변한 것이고 당시의 관습에 따라 보자면 허용할 수 있는 범위라고 잠정적으로 결론 내릴 수 있다. 그렇다면 통일되고 균질한 오리지널 텍스트를 상정해도 괜찮은 것일까.

아직 고려해야 할 두 개의 텍스트가 더 남았다. 그리고 텍스트는 일부만 복원할 수 있지만 반드시 곁에 두고 보아야 할 중요한 참고 문헌이 있으므로 이 전체를 아우르고 나서 판본 문제를 정리하도록 하자.

앞에서 세 종류의 판본을 간단하게 언급했지만 『노자』의 판본을 얘기하려면 다음에 설명할 두 판본을 염두에 두어야 한다. 백서본과 죽간본의 발견이 그것이다. 두 판본이 나타나면서 기존에 존재했던 텍스트들 역시 새로운 조명을 받게 되었다. 새 판본이 나오면서 모든 텍스트들을 상호 비교하여 『노자』 텍스트의 성립을 따져 볼 수 있게 되었기 때문이다. 핵심은 이렇다. 고고학의 중요한 성과인 두 판본이 발굴되면서 현재 통용되는 텍스트들을 새삼 '판본'으로 보는 관점이 성립했다는 말이다. (세번째로 언급한 상이본도 고고학상의 발굴로 이 부류에 넣어야 온당할 것이다.)

백서본(帛書本)

'백서노자'(帛書老子)라고도 불린다. 1973년 중국 호남성(湖南省) 장사(長沙) 부근 마왕퇴(馬王堆)라는 곳에 있는 한나라 때의 묘[漢墓]에서 발굴된 문헌이다. 『노자』 외에도 『백서주역』(帛書周易), 『황로백서』(黃老帛書) 등 중요한 문헌이 함께 출토되어 비상한 관심을 끌었다. 비단[帛]에 씌어진 형태라 백서(帛書)라 부른다. 한묘 축조연대가 한나라 문제(文帝) 이전(B.C. 168년)이라는 것이 확인되어 그때까지 알려진 판본 가운데 가장 오래된 기록으로 판명되었다. 백서본은 갑본(甲本)·을본(乙本)이라 칭하는 두 판본이 발견되었는데 갑본이 을본보다 더 고본(古本)이다. 갑본·을본 두 판본은 '덕경'(德經)이 '도경'(道經)보다 먼저 놓여 있어 현행본 도경·덕경의 순서와 반대인데 이것이 『노자』의 원래 형태에 가깝다는 예측을 하게 한다. 글자 차이가 있기는 하나 왕필본을 기준으로 갑본·을본을 모두 통행하는 81장으로 각각 재구성하면 왕필본과 큰 차이가 없다. 이 점 왕필본의 우수성을 증명하는 것으로 이해할 수 있지만 그렇게만 볼 일은 아니다. 중요한 글자 차이를 간과할 수 없다. 3장의 예를 들어 보자.

A. 왕필본: 爲無爲, 則無不治. (무위를 실행하면 다스려지지 않음이 없을 것이다.)

B. 백서 을본: 弗爲而已, 則无不治矣. (하지 않을 뿐, 그러면 다스려지지 않음이 없을 것이다.)

백서 을본의 경우 '불위이이'(弗爲而已)라 해서 왕필본의 '위무위'(爲無爲)라고 한 말과 차이가 있다. 의미상으로 볼 때 문제가 없는 것 같지만 중요한 차이가 있다. 왕필의 경우 무위(無爲)를 위(爲)의 목적어로 두어 무위를 개념화하고 있다는 사실에 주목해야 한다. 무위의 의미가 아무것도 하지 않는 상태가 아니라 적극적으로 행해야 할 행위대상으로 바뀌기 때문이다. 또 백서 을본은 짧은 문장 안에 '이이'(而已)와 '의'(矣)라는 허사를 써서 실사(實辭)로만 의미를 구성한 왕필본과 문체에서 뚜렷한 차이를 보여 준다. 문체를 보면 후세로 가면서 허사가 발달해 미묘한 뉘앙스 구사에 능숙해진다는 일반론은 그저 추론일 뿐이라는 사실이 여기서 증명된다. 하나 더 보자. 30장이다.

A. 왕필본: 師之所處, 楚棘生之; 大軍之後, 必有凶年. (군대가 있던 곳에는 가시덤불이 생기고 대군이 일어난 뒤에는 반드시 흉년이 된다.)

B. 백서 갑본: 師之所居, 楚棘生之. (군대가 있던 곳에는 가시덤불이 생긴다.)

왕필본은 전쟁의 후유증에 대한 리얼한 묘사다. 단순 진술이 아니다. '대군지후, 필유흉년'(大軍之後, 必有凶年)이라는 여덟 자를 어떤 기록자가 대구로 더 집어넣어 갑본보다 전쟁의 리얼리즘을 강화시켰다.

간단한 예증 몇 가지로 왕필본과 백서본의 우열을 논한다든가 무엇이 '원본'에 가깝다든가 하는 식으로 가치평가를 할 필요는 없다. 죽간본을 검토한 뒤에 판본에 대한 얘기를 정리하도록 하자.

죽간본(竹簡本)

백서본이 발견되고 20년 후 호북성(湖北省) 형문(荊門)시 곽점(郭店)에서 발견된 조각글을 가리킨다. '곽점노자'(郭店老子)라고도 불리고 '간본'(簡本)으로도 약칭되는 최고(最古)의 판본으로 모두 71매로 이루어졌다. 현행본 노자의 3분의 1에 해당하는 분량으로 갑조(甲組)·을조(乙組)·병조(丙組) 등 3조(組)로 분류되었다.

죽간본에는 몇 가지 주목할 만한 특징이 눈에 띈다. 기록 연대로 보면 판본 가운데 가장 이른 시기에 해당된다. 『노자』의 성서(成書) 연대가 생각보다 빠른 시대였음을 알 수 있다(물론 공자가 살았던 시기보다는 늦다). 편집 측면에서 보자면 죽간본은 현행 『노자』의 편제와 겹치는 경우가 거의 없어 노자 편집과 해석의 새로운 가능성을 추론해 볼 수 있다. 내용에서 보면 현행 노자와 일치하는 구절이 포함되어 '죽간노자'(竹簡

老子)라 불리기 때문에 전혀 새로운 존재라고 할 수는 없지만. 흥미로운 사실 하나는 죽간본이 발견된 곳이 옛 초나라 땅이기 때문에 초나라의 글자로 기록되었다는 점이다. 진시황이 중국을 통일하면서 문자도 통일시켰다는 사실은 널리 알려졌는데 통일 이전 남방과 북방에서 다른 계열의 글자를 썼음을 실물로 볼 수 있어 문자학을 연구하는 사람들에게 좋은 자료가 된다.

죽간본을 현행본처럼 재배열하면 차이점을 명확히 할 수 있을 것이다. 19장을 예로 들어 본다(죽간본의 초나라 문자는 통용되는 한자로 표기하기로 한다).

A. 왕필본: ⓐ 絶聖棄智, 民利百倍. ⓑ 絶仁棄義, 民復孝慈. ⓒ 絶巧棄利, 盜賊無有.

B. 죽간본: ⓐ 絶智棄辯, 民利百倍. ⓑ 絶巧棄利, 盜賊亡有. ⓒ 絶僞棄慮, 民復孝慈.

문장 패턴은 동일하다. '무엇을 하라, 이런 변화가 생길 것이다'라는 문장의 반복이다. "성스러움을 끊고 지혜로움(지식)을 버려라. 백성들의 이익이 백배가 될 것이다"[絶聖棄智, 民利百倍]. '절'(絶)과 '기'(棄)라는 말로 '끊어라', '버려라'라고 강하게 말한다. ⓑ와 ⓒ도 구절이 바뀌었을 뿐 이해에 어려움이 없다. 문제는 왕필본의 ⓐ, ⓑ에 보이는 '성(聖), 지(智), 인(仁), 의(義)'라는 말이다. 특히 인의(仁義)는 유가(儒家)의 핵심 이념이었기 때문에 왕필본을 볼 때 노자가 유가에 반대하는 명백한 증거로 이 구절이 운위되었음을 상기해야 한다. 놀랍게도 죽간본에는 인, 의라는 말 대신 위(僞)와 려(慮)라는 말이 들어가 있다. 죽간본의 ⓒ에 보이는 절위기려(絶僞棄慮)는, "거짓을 끊어라, 생각을 버려라"로 보기보다는 위(僞)가 려(慮)와 짝이 되는 말이라는 점에서 려(慮)는 거짓된 생각, 즉 사기[詐]로 보아야 할 것이다. 이렇게 읽으면 유가와 도가를 대립시키는 독법은 재고해야 한다. 효자(孝慈)라는 말을 쓰고 있다는 사실도 고려해야 하고.

죽간본을 보면 노자와 유가를 대립관계로 혹은 적대적인 비판관계로 보는 시각이 후대에 과장된, 과도한 학파 분별적 사고에서 비롯된 착각일 수도 있다는 생각도 가능하다. 죽간본에서 보는 한 노자는 인의(仁義)에 반(反)하는 사고로 접근하지 않았음이 명백하다. 이런 방식의 비교가 가능한 것이 새로운 출토본에서 얻은 소득인 셈이다.

판본 간 비교 I(55장)

왕필본, 백서본, 죽간본에서 모두 볼 수 있는 두 장을 들어 각 판본의 차이를 보도록 하자. 먼저 55장이다.

A. 왕필본:

含德之厚, 比於赤子.

ⓐ **蜂蠆虺蛇不螫, 猛獸不據, 攫鳥不搏**.

骨弱筋柔而握固, 未知牝牡之合而 ⓑ **全作**, 精之至也.

終日號而不嗄, 和之至也.

ⓒ **知和曰常**, 知常曰明, 益生曰祥, 心使氣曰強.

物壯則老, 謂之不道,

ⓓ **不道早已**.

B. 백서 갑:

□□之厚□, 比於赤子.

ⓐ **逢癘虺地弗螫, 攫鳥猛獸弗搏**.

骨弱筋柔而握固, 未知牝牡□□而 ⓑ **朘**□, 精□至也.

終日號而不𠻳, 和之至也.

ⓒ **和曰常**, 知和曰明, 益生曰祥, 心使氣曰強.

□□即老, 胃之不道,

ⓓ **不□□□**.

백서 을:

含德之厚者, 比於赤子.

ⓐ **蜂癘虫蛇弗赫, 據鳥孟獸弗捕**.

骨筋弱柔而握固, 未知牝牡之會而 ⓑ **朘怒**, 精之至也.

冬日號而不嚘, 和□□□.

ⓒ **□□□常**, 知常曰明, 益生□祥, 心使氣曰強.

物□即老, 胃之不道,

ⓓ **不道蚤已**.

C. 죽간본:

含悳之厚者, 比於赤子.

ⓐ **蜂蠆虺蛇弗螫, 攫鳥猛獸弗搏**.

骨弱筋柔而捉固, 未知牝牡之合 ⓑ **然怒**, 精之至也.

終日乎而不憂, 和之至也.

ⓒ **和曰常**, 智和曰明, 益生曰祥, 心使氣曰強.

物壯則老, 是胃不道.

55장은 왕필본을 기준으로 다음과 같이 직역할 수 있을 것이다.

두터운 덕을 지닌 사람은 갓난아기[赤子]와 같다.

ⓐ 벌·전갈·큰 뱀과 독사도 물지 않고

사나운 짐승도 공격하지 않으며

사나운 새도 채가지 않는다.

뼈는 약하고 근육은 부드럽지만 잡는 힘은 세고

남녀의 교합도 알지 못하지만 **ⓑ 성기는 발기하니**

정기(精氣)가 지극해서다.

하루 종일 울어도 목이 쉬지 않으니

조화가 지극해서다.

ⓒ 이런 조화를 아는 것을 항상됨이라 하고

항상됨을 알아야 총명해진다.

생명을 늘리는 것을 사악한 행동이라 하고

마음이 기(氣)를 부리는 것을 뻣뻣해진다고 한다.

만물은 강성해지면 늙게 되니

이를 도를 따르지 않는다고 한다.

ⓓ 도를 따르지 않으면 일찍 끝난다.

55장의 특징

백서본과 죽간본도 큰 틀에서는 의미 차이가 크지 않다. 죽간본이 거의 원형 그대로 왕필본에 전해진 걸 보면 『노자』의 오리지널한 모습을 잘 보존한 원형의 사상이라고 할 수 있겠다.

이 장의 함의를 짧게 풀이해 보자.

노자의 핵심 비유인 갓난아기를 통해 설명하기 어려운 도(道)를 이해할 수 있도록 진술한 문장이다. 추상적이고 인지하기 어려운 도는 실제로 존재하며 그 도가 실질적으로 구현된 모습을 덕(德)이라 한다는 점을 거듭 강조했다. 그 덕을 갓난아기에 비유해 구체화시켰다는 사실까지는 어렵지 않다. 갓난아기는 노자를 경유해 맹자에 이르러 또 하나의 갓난아기 담론을 형성한다.* 노자와 맹자의 두 가지 갓난아기 담론은 이후 중국 사상사에서 거듭 출몰하게 되는 핵심 은유라는 점을 기억해야 한다. 대부분 맹자 담론에 기울어져 있는데 노자 담론도 커다란 축임을 잊지 말자.

다음, 노자는 기(氣)의 중요성을 누누이 설명해 왔다. 그것은 인간에게는 삶의 에너지이기도 하고 우주적인 레벨에서는 우주의 원질이 되기 때문에 함부로 다루거나 낭비하거나 소홀히 해서는 안 된다고 얘기했다. 그것은 유가에서 말하는 기질 혹은 기운과는 차원이 다르다. 노자의 기(氣)는 삶의 정수[정精, 精氣]이자 천지자연과 조화[和]를 이루는 통로이

---

* 맹자는 갓난아기에 대해 노자와 다른 의견을 보여 준다. "대인은 갓난아기의 마음을 잃지 않는다"[大人者, 不失其赤子之心也/이루 하]라고 해서 순수성을 긍정하는가 하면, 다른 한편으로는 백성을 "갓난아기를 돌보듯이 한다"[若保赤子/등문공 상]라고 해서 잘 돌봐야 하는 대상으로 본다. 그러나 어느 것이든 갓난아기의 담론을 만든다는 점은 공통적이다.

기에 최고 최상의 상태를 유지해야 한다. 유지하려고 노력하라는 말이 아니다. 천지자연이 이미 우리에게 그걸 부여해 주었으니 그대로 살아가면 된다. 어떤 인위적 행동을 더하지 말고…. 갓난아기를 보아라. 헌데 우리는 그 자연의 부드럽고 약해 보이는 에너지에 무슨 행동을 하는가. 억지로 삶을 늘리려 하고[益生], 마음으로 기(氣)를 부리려고 하지 않는가.

이 구절을 자세히 보면 뒷날 맹자가 마음으로 기(氣)를 통제해야 한다고 호연지기(浩然之氣) 장(章)에서 주장한 것을 떠올릴 수 있을 것이다. 흥미로운 대비가 된다. 노자의 기(氣)가 맹자에 이르러 다른 기(氣)로 전화하면서 함의가 풍부해졌다. 동시에 사고의 전환도 생겼다. 노자의 기는 삶의 에너지이면서 생명의 기운이기에 우주의 원기(元氣)와 상통한다. 맹자의 기는 에너지는 에너지이되 도덕적 함의를 담는다. '호연지기'(浩然之氣)로 대표되는 맹자의 기는 드넓은 산야(山野)와 바다의 거침없는 맑은 기운이 아니라, 도덕적 원형인 인의(仁義)를 지녀야 하는 것이며 단순히 소유하는 것만이 아니라 부지런히 키워 성장시켜야 하는 것이다. 노자는 이런 도덕적 자질과 상관이 없다. 노자의 기는 도덕적 함의가 담겨 있지 않다. 천지자연이 인간에게 준 기는 이렇게 변한다.

노자의 논의로 돌아가 보면, 천지자연이 우리에게 준 항상성[常]만 알아도 우리는 충분히 총명[明]하고 지혜로우며 장수할 수 있건만 사람들은 그렇질 못하다. 노자는 오래 살아야 한다고 얘기하는 게 아니다. 주어진 대로 사는 것이 장수일 터인데 인위적으로 도덕심을 발휘해 기(氣)를 억압한다고 말한다. 강력해진다[强]고 하지만 실상 그것은 생명의 본질인 부드러움[柔]과 반대되는 뻣뻣함일 뿐이다. 강(强)과 장(壯)은 같은 말이다. 강장(强壯)은 노(老)를 부르고 노(老)는 갓난아기, 즉 적자(赤子)와 반대되는 말이다. 노(老)는 오래 산 게 아니라 부도(不道), 도를 따르지 않은 결과이므로 일찍 사라질 수밖에 없는 노쇠함, 생명력의 고갈을 의미한다. 여기엔 노자의 말장난이 고개를 내밀고 있다. 노(老)를 일찍 죽는다[早已]고 표현했으니. 그렇다면 갓난아기가 장수한다는 역설도 성립한다.

이본 간의 차이

55장의 대의를 설명하고 보면 이본 간의 차이가 눈에 들어온다. 앞의 원문에 표시해 둔 일련번호를 따라 네 가지로 정리해 보자.

첫째, 행문(行文)의 리듬감이 다르다. 표시 ⓐ를 보라[蜂蠆虺蛇不螫, 猛獸不據, 攫鳥不搏.]. 왕필본은 6-4-4자로 쓰였다. 백서본·죽간본은 6-6자로 진행된다. 물론 이 부분만 보아서는 안 된다. 55장은 전체적으로 6자와 4자로 문장을 구성해 리듬을 만들었기 때문에 우열의 문제를 논하는 게 아니다. 왕필본은 첫 문단 전체를 보면 4-4-6-4-4로, 백서본·죽간본은 5-4-6-6으로 행문을 구성했다. 왕필본에서 문장이 더 정교하다.

둘째, 단어 문제. ⓑ번의 '전작'(全作)에서는 시대에 따라 표현이 변하는 것을 볼 수 있다. 문자학 연구를 통해서 보면 흥미로운 점을 읽을 수 있다. 왕필은 '전작'(全作)이라 했고 백서본은 '최노'(朘怒)라 썼고 죽간에는 '연노'(然怒)라고 썼다. 참고로 한나라 때 황로학(黃老學)의 관점에서 정치적으로 노자를 해석한 하상공본에는 '최노'(峻怒, 이때 최峻는 백서본의 최朘와 의미가 같지만 백서본은 육달 월月=肉변을 썼고 하상공본은 피 혈血변을 썼다)라고 썼다. 죽간의 '연노'(然怒)도 '최노'(朘怒)일 것이라고 추측하는 사람도 있는데 근거 없는 추론이 아니다.

'최'(朘)는 '남자어린아이 성기'[男孩陰部]라고 풀이되는데 이 글자가 들어가 주어가 분명해진다. 『설문해자』에도 수록된 글자다. "육부; 최(朘)는 어린아이의 성기다. 의미는 살/고기 육(肉)을 따르고 준(夋)으로 소리난다. 어떤 글자는 피 혈(血)이라는 의미를 따르기도 한다"[肉部: 朘, 赤子陰也. 从肉夋聲. 或从血]라고 설명했다. 오래된 글자임을 알 수 있다. 왕필에 와서 이를 '전작'(全作)이라고 바꿨다. 최(朘)라는 글자가 어려웠기 때문이리라. 작(作)은 발기한다는 뜻이다. 전(全)이란 게 명확하지 않다.

앞에서 언급했듯이 백서·죽간에서는 육(肉)의 의미를 따르는 글자를, 하상공은 '피 혈'(血)이 들어간 글자를 썼다. 성기가 근육[肉]이자 혈액[血] 순환과 관련된다는 사실을 일찍 감지했다는 사실이 흥미를 끈다. 노(怒)라는 글자도 발기하다[建]는 뜻이다. 옛사람들의 건강한 에로티시즘이라 해야 하나, 삶의 진실을 얘기할 때는 에두르는 법이 없다.

ⓒ의 문장[知和曰常]을 통해서는 출토본이 왜 중요한지를 알 수 있다. 왕필은 '지화왈상'(知和曰常)이라고 썼다. 백서본·죽간본은 '화왈상'(和曰常)이라고만 써서 동사 지(知)가 빠졌다. 어떤 판본이 노자의 원의를 잘 보존했을까. 왕필본은 지(知)가 들어가 혼란을 초래했다. '화왈상'(和曰常)이라고 한 것은 바로 앞 문장의 '화지지야'(和之至也)를 받은 것. 자연의 조화가 항상된 상태라는 말이며 화(和)를 상(常)이라는 다른 말로 바꿔 쓴 것이다. 그다음 문장에 지(知)가 와야 명(明)의 뜻을 제대로 설명하게 된다. 죽간본이 정확하게 쓴 문장이다.

마지막으로 '부도조이'(不道早已)라는 구절. 죽간본에는 이 구절이 없다. 후대에 첨가된 것으로 보인다. 이 구절이 들어가 노(老)와 적자(赤子)의 대비가 선명해졌고 노(老)=일찍 죽음이라는 역설이 부각되었다. 재치 있는 첨가라고 해야 할까. 문제는 후대의 첨가가 이상한 일이 아니었다는 점이다.

고대의 관습은 우리 시대와 다르다는 사실을 이를 보면 새삼 느끼게 된다. 후대의 첨가 문제는 또 다른 생각으로 우리를 이끌어 간다.

판본 간 비교 II(48장)

판본 문제가 중요한 까닭은 원본과 그 후에 첨가된/변형된 구절을 비교해 시비를 가리거나 진위를 판별하는 데 있지 않다. 각 판본은 판본대로 그 시대에 일정한 역할을 담당했고 그 임무는 고본이 나왔다고 해서 무시될 성질이 아니기 때문이다. 그렇다고 고본의 가치를 무시하자는 말은 아니다. 여기에는 오리지널리티를 상상할 때 고려해야 할 좀 더 섬세한 문제가 끼어 있다. 다음 예문을 읽어 보자. 48장이다.

A. 왕필본:

爲學日益, 爲道日損. 損之又損, 以至於無爲. 無爲而無不爲. 取天下, 常以無事, 及其有事, 不足以取天下.

B. 백서 갑:

爲□□□□□□□□□□□□□□□□□□□□□□□□□□□.

取天下也, 恆□□□□□□□□□□□□□□□.

백서 을:

爲學者日益, 聞道者日云. 云之有云, 以至於無□□□□□
□□□□□.

取天下, 恆無事, 及其有事也, □□足以取天□□.

C. 죽간본:

學者日益, 爲道者日損. 損之或損, 以至亡爲也, 亡爲而亡不
爲. 絶學無憂.

왕필본을 기준으로 번역하면 다음과 같다.

배움에 힘쓰는 사람은 날마다 더 쌓아 가며
도에 힘쓰는 사람은 날마다 덜어낸다.
덜어내고 또 덜어내
무위에까지 이른다.
무위하면 하지 못하는 것이 없다.
(죽간본 : 배움을 끊어야 근심이 없다.)

[후반부]

천하를 가지려면
항상 일이 없어야 한다.
일이 있게 되면
천하를 얻기에 부족하다.

괄호는 죽간본에 따라 보충한 것이다. 판본을 비교해 보면 죽간본과 어떤 차이가 있는지 바로 드러난다. 죽간본은 전반부만 존재한다. 백서본과 왕필본의 후반부는 일반적으로 후대에 첨가된 문장으로 보인다. 이유는 두 가지다. 첫째, 문장의 리듬이 다르다. 둘째, 내용이 전혀 다르다. 후반부의 문장은 따로 독립시켜 읽어도 될 정도로 앞 문장과 상관이 없다. 이런 이유로 후반부의 문장을 후대에 첨가된 문장으로 간주하는데, 새로 첨가된 문장이 중요하다. 문장이 첨가되면서 해석에 결정적인 영향을 끼쳤기 때문이다. 또 한 가지 눈에 띄는 것은 죽간본에는 '절학무우'(絶學無憂)라는 유명한 문장이 이곳 48장에 보인다는 것이다. 왕필본에서는 이 문장이 20장에 나온다. 죽간본과 다른 판본 사이에 편장 차이가 있으리라 추측할 수 있다. 노자는 압축된 문장이기 때문에 편집 차이는 의미 사이에 큰 간격을 만들 수 있다.

죽간본을 보면 학문과 도를 대비하면서 도를 알고 실천하는 데 오히려 공부가 방해될 수 있음을 강조한다. 노자의 반지성주의가 명확하게 표현된 장이다. 이는 반유가(反儒家)주의와 관련되는 중요한 문제이기도 하다. '위학일익'(爲學日益)은 학문의 논리이기도 하지만 문명의 논리이기도 하다(『논어』의 첫 글자가 학學이다). 그에 반하는 것이 절학무우(絶學無憂)로 학(學)을 중심에 두고 거울상으로 문장을 구성했음을 알 수 있다.

그런데 죽간본이 아닌 판본들에서는 '취천하'(取天下)라는 말이 불쑥 튀어나온다. 이 구절은 앞 구절과 다른 범주에서 해석되어야 한다. 이 이하 문장은 정치적으로 해석하는 것이 일반적이다. 유사(有事)를 유위(有爲)로 보고 무위와 대비시켰는데 취천하를 제일 먼저 거론했기 때문에 천하를 얻는 일, 즉 정치적 함의를 띠게 된다. 앞 문장에 무위(無爲)가 나왔으므로 유사(有事)와 대구가 되긴 하지만 취천하라는 의미가 너무 강력해서, 흥미롭게도 이 문장이 들어가면서 전반부도 정치적으로 해석하는 독법이 우월하게 변해 버렸다. 결과적으로 절학무우(絶學無憂)라는 주제 문장은 탈락되어 다른 장으로 이동하는 편집상의 변화까지 생기게 되었다. 굴러온 돌이 박힌 돌을 몰아낸 경우라 할까. 원의는 상실되고 정치적 독법이 남게 된 것이다. 우리는 이 사실을 죽간본과 대조해서 뒷부분이 후대에 첨가된 것임을 확인했을 때야 알게 된다.

마지막으로 '천하'라는 말이 나온 김에 '천하'와 '천지'의 차이에 대해 간단히 덧붙인다. 천지와 천하는 『노자』뿐 아니라 동양의 고전에서 자주 보이는 말이다. 천지는 보통 우주 전체를 의미하고, 천하는 온 세상을 뜻한다. 지구상의 땅과 바다, 동식물과 같은 자연물뿐만 아니라, 가정과 국가 같은 인간 사회까지도 포괄하는 말이라고 할 수 있다. 동양의 많은 개념들이 그렇듯이 이 천지와 천하라는 개념 역시 고정된 것은 아니다. 문맥에 따라 다른 용법으로 쓰이기도 한다. 다만, 대체적인 용법의 윤곽은 그려 두는 것이 필요해 보인다.

이상 단편적인 예를 통해 판본 간의 차이를 일별해 보았다. 충분하지 않지만 이 글의 주제가 판본 비교가 아니므로 이 정도로 정리하도록 하자. 이후 주석에 대해 이야기할 때, 주석 사이의 비교를 통해 더 뚜렷하게 판본 간의 차이를 인지할 수 있을 것이다.

한비자의 『노자』

판본을 얘기하면서 참고해야 할 중요한 책이 있다고 앞에서 말했다. 『한비자』(韓非子)가 그 책이다. 『한비자』의 「해로」(解老)와 「유로」(喩老)는 노자에 대한 최초의 주석이라는 면에서 의의가 큰데 한비자가 본 『노자』 텍스트가 백서본과 거의 동시대라는 사실이 관심을 끈다. 한비자가 읽고 주석을 단 『노자』는 현행 '도덕경'이 아니라 '덕도경'의 순서로 되어 있기 때문이다. 백서본과 동일한 전승의 텍스트였을 것이라 학자들은 추측한다.

「해로」는 덕경 1장(현행본 38장)을 해석하는 것으로 시작한다. 『노자』 전편의 해석이 아니고 완전히 소화한 『노자』를 자신의 의도대로 자유롭게 해석한 것이 특징이다. 「유로」는 「해로」의 자유로운 해석과 달리 비유를 들어 『노자』를 설명했는데, 역사의 선례를 서술하고 『노자』의 구절로 마무리하는 방식이다. 이때 한비자가 인용한 『노자』 구절은 왕필본이나 백서본과도 차이가 있는데, 이런 점을 볼 때 주관적인 해석이 강하게 개입한 한비자판 『노자』라 할 수 있다. 학술적인 해석이라기보다는 자신의 사상 쪽으로 끌어당긴 해석이다.

판본의 오리지널리티

정리해 보자. 5종의 노자 판본은 어떤 관계가 있는 것일까? 연대가 가장 이른 죽간본을 원본에 가까운 판본이라고 가정하면 죽간본 → 백서본(한비자본) → 하상공본 → 상이본 → 왕필본이라는 시대순을 그려 볼 수 있을까? 하상공본 즈음에서

덕도경이 도덕경으로 바뀌는 변화가 일어났다고 추정하면서 이 계보를 상상해 보는 것이다. 말은 되지만 일목요연하게 정리하기에는 미심쩍은 부분이 적지 않다. 죽간본에서 백서본 사이에 일어난 편집상의 변화는 시대순으로 보는 시각에 의문을 던진다. 덕도경이 도덕경으로 바뀐 것도 설명하기 쉽지 않다.

이런 식으로 『노자』 텍스트의 계보를 설정하는 데는 몇 가지 전제가 깔려 있다. 『노자』에 단일한 저자가 있을 거라는 추정이 그 하나다. 이에 따라 특정한 저자가 단일하고 일관된 체계를 가지고 책을 저술했을 것이며, 시대가 지나면서 노자 학파나 혹은 그와 유사한 기록자가 텍스트를 완성했을 거라는 구도가 성립한다.

생각을 거꾸로 해볼 수 있지 않을까. 20세기 들어 발굴된 새로운 자료들은 지금까지 상정해 온 전제들이 어쩌면 허구일 수도 있다고 자극하면서, 사실을 추정하는 방식을 재검토하도록 하는 건 아닐까. 고대로 올라갈수록 '단일한 저자'라는 개념은 성립하기 어렵다. '판본'이라는 사고 자체가 기원을 추적해 원본 혹은 오리지널을 전제하는 가운데 성립한 개념이다. 정본(定本)을 찾아라! 고대에 그게 가능한 사고일까. 5개 혹은 6개의 판본은 그저 다른 이본들로서 원시 도가(道家) 혹은 노자로 대표해서 부르는 어떤 집단 사고가 아닐까.

어떠한 판본 혹은 대표되는 판본이 필요할 수 있다. 그러나 그것은 이본(異本) 중 하나(a version)이지 결정본(the definite edition/Standard edition)일 수 없다. 판본에 대한 근본적인 가정이 잘못된 것일 수 있다는 말이다. 죽간본조차 한 판본[異本]이고 이후의 판본들 역시 죽간본과 다른 계통의 이본들을 전승본으로 해서 각각 다른 이본을 형성했다고 볼 수도 있는 것이다. 이 책에서 다룬 다섯 판본 모두 자기들 각자의 전승을 가지고 있다고 상상해 볼 수 있다. 하나로 묶지 않을 때, 일관된 계보를 그리지 않을 때 다른 해석과 읽기가 탄생할 수도 있기 때문이다.

판본이 왜 중요한가. 사상사적인 문제를 품고 있기 때문이다. 유가, 도가 등 각 학파의 발생과 연원, 후대의 영향과 계보를 수형도(樹型圖)로 그리는 문제와 관련된다. 그러나 사상사적인 과제 역시 시간순으로 엮은 어떤 틀임을 감안해 보면 하나의 시각으로서 자격을 가졌지 절대화할 수 없는 관점임이 명백하다. 독서를 할 때 학자들, 혹은 대가들의 시각과 연구를 받아들여 특정 책에 선입견을 먼저 갖고 접근하는 게 아닌지 생각해 볼 일이다.

2부

『노자』 주석 읽기

老子

1장 _ 왕필의 주

『노자』에 주석을 단 책은 앞에서 살펴보았듯이 세 가지가 대표적이다. 왕필의 주석과 하상공의 주석 그리고 상이주가 그것인데, 이 장에서는 왕필의 주석에 대해 상세히 살펴보도록 하자.

왕필의 주가 가장 널리 통용되고 왕필의 주를 읽는 것이 실질적으로 『노자』를 읽는 일이라고 앞에서 언급했다. 왜 왕필의 주가 독점적일 만큼 권위를 누리는가라고 질문하는 일이 중요하다. 하상공의 주와 비교해 구체적인 차이점을 적시하는 작업도 가치가 있지만 왕필의 주가 누리는 권위에 대해 따져 볼 때 하상공 주와 차이가 드러나지 않을까. 판본을 이야기할 때 거론했던 말을 상기해 보자. 하상공 주는 왕필의 주가 나오고 나서도 계속 유통되어 일정한 영향력을 가졌다는 사실. 한때 두 판본이 동시에 유통되었는데 현재는 거의 왕필 주를 중심으로 노자를 읽는다. 거기에는 그럴 만한 까닭이 있다. 세 가지 정도로 그 이유를 꼽아 볼 수 있겠다.

첫째는 왕필이 노자를 이해하면서 텍스트에 철학적 깊이를 부여했기 때문이다. 둘째는 왕필의 사고가 유가적 사고와 접촉 지점이 넓다는 점이다. 셋째는 두번째 사항과 겹치는 부분으로 왕필의 정치사상과 관련된다. 세 가지는 왕필의 사상의 특징으로 이해해도 충분한데, 더 넓은 시야에서 보면 위진시대 현학의 융성과 관련이 있다. 또한 후대에 깊은 영향을 끼친 왕필의 힘이기도 하다.

'무'의 개념화

철학적 깊이를 부여한 부분부터 보자. 왕필의 손길은 무(無)를 설명하는 곳에서 빛난다. 『노자』에는 무(無)에 대한 얘기가 곳곳에 보인다. 왕필은 무(無)를 새로운 차원으로 끌어올려 '무'가 곧 '없다'라는 단순 진술이 아님을 명확히 했다. 무가 개념으로 환골탈태하면서 다른 방향에서 접근해야 함을 알린 것이다.

무는 유무(有無)라는 쌍으로 묶여, 있다/없다는 서술어로서 이해되었다. 노자는 무를 다른 차원으로 이동시켰는데 그 중 하나가 절대적인 존재로서 무를 개념화한 것이다. 『노자』

28장에 "흰 것을 알고 검은 것을 지키면 천하의 법도가 된다. 천하의 법도가 되면 항상된 덕에서 어긋나지 않고 무극으로 복귀한다"[知其白, 守其黑, 爲天下式. 爲天下式, 常德不忒, 復歸於無極]라고 했는데 여기서 무는 절대적인 경지를 나타낸다. 흑/백으로 서술된 대립적이고 이원적인 세계를 통합하고 조망할 수 있는, 대립되는 세계를 뛰어넘고 포괄하는 존재인 무극을 말한다고 이해할 수 있다. 무극이란 말을 썼으니 노자가 음양을 염두에 두고 있었음을 알 수 있다. 이것이 무를 새롭게 사고한 노자의 세계이다.

이보다 좀 더 본질적으로 무(無)를 사유한 곳이 있다. 40장에, "천하만물은 유에서 생긴다. 유는 무에서 생긴다"[天下萬物生於有, 有生於無]라고 했는데 11자밖에 안 되는 이 말은 무슨 뜻일까. 왕필의 주를 읽어 보자. "천하의 사물은 모두 존재하기에 사는 것이다. 존재의 시작은 없음을 근본으로 한다. 존재를 온전하게 하려면 반드시 없음으로 돌아가야 한다"[天下之物, 皆以有爲生. 有之所始, 以無爲本. 將欲全有, 必反於無也]. 왕필의 말도 어렵기는 마찬가지다. 요컨대 왕필은 모든 존재[有]의 근원을 무(無)로 본 것이다. "유는 무에서 생긴다"[有生於無]는 노자의 말을 "존재의 시작은 없음을 근본으로 한다"[有之所始, 以無爲本]고 푼 것인데 유가 시작되는 뿌리가 무라고 함으로써 무는 존재론적 근원으로 의미가 깊어졌다. 노자가 한 말은 유와 무의 관계를 설정하면서 무를 유보다 한 차원 높여 사고한 것이었다. 왕필은 더 나아가 형이상학으로 접근해 무의 위상에 정확한 명칭을 부여한다. 무가 형이상학의 층위로 격상하면서 현상과 본질에 대한 논의에 새로운 장이 열린 것이다. 이런 안목은 불교가 들어오기 이전에 사고 지평을 넓히고 두텁게 한 것이어서 후대에 주목하지 않을 수 없었다.

무(無)에 대한 왕필의 탁견은 당대에 이미 인정받은 것이었다. 왕필에 대해 알려면 25사(史) 가운데 정사(正史) 『삼국지』(三國志) 「위서」(魏書)에 실린 전기를 보게 되는데 이 전기는 너무 짧아서 우리에게 알려 주는 정보가 별로 없다. 『세설신어』(世說新語) 문학편(文學篇)에 왕필에 대한 일화가 몇 개 보인다. 여기에 유효표(劉孝標)가 주석을 달면서 인용한 왕필에 대한 기록이 「위서」에 실린 전기보다 가치가 크다. 뜻밖에 왕필과 동시대 사람인 종회(鍾會)의 전기도 「위서」에 보이는데 하소(何劭)가 쓴 「왕필전」이 주석 형태로 실려 있다. 하소의 「왕필전」이 우리가 왕필에 대해 알 수 있는 최상의 자료일 것이다. 거기에 흥미로운 이야기가 보인다.

> 당시 배휘(裴徽)가 이부랑(吏部郎)이었는데 왕필이 약관이 안 됐을 때 찾아가곤 했다. 배휘가 왕필을 한 번 보고는 기이

하게 여겨 왕필에게 물었다. "무릇 무(無)는 진정 만물의 바탕이 되는 것이다. 그러나 성인은 말로 나타내려 하지 않았는데 노자가 거듭 무(無)일 뿐이라고 한 것은 어째서인가?" 왕필이 말했다. "성인은 무를 체득하였지만 무는 또 무어라 풀이할 수는 없었습니다. 그 때문에 말씀하지 않은 것입니다. 노자가 말하는 것은 유(有)입니다. 그러므로 항상 무를 말하지만 부족한 것이 있습니다."

時裴徽爲吏部郞, 弼未弱冠, 往造焉. 徽一見而異之, 問弼曰 : "夫無者誠萬物之所資也. 然聖人莫肯致言, 而老子申之無已者何?" 弼曰 : "聖人體無, 無又不可以訓, 故不說也. 老子是有者也, 故恒言無所不足."

왕필은 당돌한 청년이었을까? 20세가 채 안 된 나이에 무(無)로 대표되는 노자를 유(有)라 판단하고 '부족하다'고 말할 정도이니. 당시의 학문 풍토랄까, 위진 시기 지식인들의 담론 방식을 전해 주는 자료로서도 흥미롭다. 왕필이 무에 대해 일찍부터 자신만의 조숙한 의견을 가졌기 때문에 당대 명사들에게 인정을 받았다는 사실을 알려 주는 에피소드다. 이런 싹이 노자주에서 완정된 형태를 이루었다고 보는 게 합당할 것이다.

위진 시대의 철학사조를 흔히 현학(玄學)이라고 칭하는

바, 이때 현(玄)은 심오하다는 의미로 이해할 수 있다고 언급했지만 그 의의는 단순하지 않다. 현상 너머에 혹은 현상에 보이지 않는 이면이 있다는 사고는 흥미롭지만 그 정체가 무엇인지 설명하는 일이 쉽지 않았다. 이런 사고는 깊게 영향을 끼쳐 동시대의 중요한 텍스트였던 『장자』 독해에까지 그림자를 드리운다. 『장자』의 편집자이자 뛰어난 주석가인 곽상(郭象)은 존재론적 근원으로서의 무(無)에 강하게 반발하는데 그의 반발은 왕필의 영향력을 반증하는 것이기도 하다.

유가적 덕목의 공유

왕필의 주가 중요한 두번째 이유는 유가사상을 공유하는 왕필 정치사상의 탁월성에 있다. 『노자』 38장에는 유가의 핵심 덕목에 대한 비판으로 읽을 수 있는 구절이 있다.

> 도(道)를 잃은 뒤에 덕(德)이 생기고, 덕을 잃은 뒤에 인(仁)이 생기고, 인을 잃은 뒤에 의(義)가 생기고, 의를 잃은 뒤에 예(禮)가 생긴다. 예는 충과 신이 얄팍해진 것이며 어지러움이 생기는 머리다.
>
> 失道而後德, 失德而後仁, 失仁而後義. 失義而後禮, 夫禮者,

忠信之薄而亂之首.

유가 질서의 원천인 예가 사회질서를 어지럽히는 주범이라니. 노자는 형식화된 예를, 아니면 형식화될 수밖에 없는 규범의 어떤 특성을 예리하게 간파했다. 그럼에도 문자 그대로 읽으면 인의예라는 중요한 가치를 격하한 말로 읽을 수밖에 없다. 왕필은 이 구절을 어떻게 해석했을까.

각자 올바른 일을 맡아 정성을 다하면 인덕이 후해지고 의를 실행하는 것이 올바르게 되며 예와 공경이 깨끗해진다. 자기가 짊어진 임무를 포기하고 자기가 사는 이유를 버리고 기성의 틀을 따르며 자신의 총명함을 부리면 인을 높이게 되고 의를 경쟁하게 되며 예를 다투기 마련이다. 그러므로 인덕이 후하다는 것은 인을 쓴다고 할 수 있는 게 아니며 의(義)의 실행이 올바른 것은 의를 쓴다고 이룰 수 있는 게 아니며 예와 공경이 깨끗한 것은 예를 쓴다고 성취할 수 있는 게 아니다.

各任其貞事, 用其誠, 則仁德厚焉, 行義正焉, 禮敬淸焉. 棄其所載, 舍其所生, 用其成形, 役其聰明, 仁則尙焉, 義則競焉, 禮則爭焉. 故仁德之厚, 非用仁之所能也; 行義之正, 非用義之所成也 ; 禮敬之淸, 非用禮之所濟也.

왕필의 주석은 노자의 원뜻과 거리가 있다. 노자는 인의예를 도(道)의 타락으로 보고 예의 경우는 질서를 망치는 못된 가치라고 단언했다. 왕필은 인의예를 구제한다. 그는 조건을 붙여 올바른 일[貞事]과 성의[誠]를 다해야 한다고 말한다. 하지만 정(貞=正)이나 성(誠) 역시 유가에서 특화된 개념이라는 점을 눈치채면 왕필이 인의예를 노자와 달리 해석하여 본문과는 반대로 유교 덕목을 긍정한다는 사실을 알 수 있다. 왕필의 이러한 견해에 동의한다면, 19장의 유명한 구절, "인을 끊고 의를 버려라"[絶仁棄義]에서 인의에 대해 왕필이 "인의는 행동이 훌륭한 것이다"[仁義, 行之善也]라고 약하게 해석한 것도 이해할 수 있다. 왕필이 해석하면서 각자[各]라고 주어를 명시해 주체를 설정한 것도 눈에 띈다. 노자는 주어를 설정하지 않아 사회적 성격을 먼저 생각했는지, 개인적 실천을 염두에 두었는지 명확하지 않다. 이 점도 고려해야 할 부분이다.

유가 덕목의 긍정은 좀더 넓은 계획을 가진 것 같다. 노자 42장, "도는 하나를 낳고 하나는 둘을 낳고 둘은 셋을 낳고 셋은 만물을 낳는다"[道生一, 一生二, 二生三, 三生萬物]는 구절은 우주발생론으로 읽히거나 『장자』의 대표 사상 가운데 하나인 만물제동(萬物齊同, 만물은 동등하다)으로 이해된다. 여기서 도는 앞서 말한 무(無)의 다른 말이기도 해서 무가 만물의 모태라는 말이 다르게 표현된 것으로 본다. 왕필은 하나[一]를 다르게 해석한다. "백성은 마음을 가졌으니 나라가 다르고 풍속이 같지 않다 한들 하나를 터득한 왕과 제후가 임금이 된다"[百姓有心, 異國殊風, 而王侯得一者主焉]. 왕필은 일(一)을 정치사상으로 이해하여 왕후(王侯)가 되기 위한 어떤 도(道)로 해석했다. 노자의 본문은 만물을 일로 수렴하는 구조인데 왕필의 주석은 백성을 왕으로 수렴하는 형태라 철학의 언어가 정치학의 언어로 변했다. 일(一)은 무위(無爲)를 염두에 둔 것이 아닐까 추측할 수 있는데 이때 무위는 유가의 순임금을 모델로 한 개념임은 두말할 필요가 없다. 왕필은 노자를 제왕(帝王)의 학(學)으로 읽기도 하는데 이것은 하상공의 주와 일치하는 지점이다.

정치사상으로서의 『노자』

왕필의 주가 중요한 세번째 포인트가 정치사상 텍스트로 『노자』를 읽는 것이다. 『노자』를 정치사상으로 독해하는 일은 『노자』 주석에서 늘 볼 수 있다. 『노자』를 왕에게 하는 언설로 이해하는 것인데 듣는 사람이 왕인 만큼 왕의 역할에 초점이 맞춰지게 된다(하상공의 주가 전형적인 예다). 그렇다면 80장의 널리 알려진 구절과 충돌이 불가피하다. "나라를 작게 하고 백성들을 적게 하라"[小國寡民]. 노자가 꿈꾸는 세상은 농사짓는 사람들의 전원생활을 염두에 둔 것으로, 원시공동체라고 할 수 있는 소규모의 자급자족 집단을 구상했던 것 같다. 관리들이 꿈꾸는, 조직화된 효율 중심의 공동체가 아니라 무릉도원에 가까운, 서양에서는 아르카디아(Arcadia)라고 부르는 무계급사회를 그려 볼 수 있다.

하지만 왕필은 전혀 다르게 읽는다.

> 나라가 이미 작고 백성이 또 적더라도 오히려 옛날로 돌아가도록 해야 한다. 하물며 나라가 크고 백성이 많은 경우에야 어떻겠는가. 그러므로 작은 나라를 들어 말한 것이다.
> 國既小, 民又寡, 尙可使反古, 況國大民衆乎. 故擧小國而言也.

왕필은 큰 나라를 지향한다. 그리고 유가의 복고[反古]를 꿈꾼다. 그는 노자의 소망과는 반대로 제국을 상정하고 있으며 유가의 원리를 끌어온다. 유가든 도가든 상고(上古) 시대로 돌아가자는 복고주의는 유사하나 도가는 폐쇄적인 소규모 마을 공동체를 지향했고 유가는 국가 규모를 염두에 두었다. 이런 점에서 왕필의 논의는 유가에 근접한다. 그가 살았던 공동체가 거대한 위(魏)나라였다는 사실을 생각하면 마을 공동체란 가당치 않은 선택이었을 것이다. 왕필의 현실 추종을 지적하는 게 아니다. 자기 시대의 현실을 이해한다면 무릉도원을 상상하는 일은 허황한 관념이거나 낭만적 허위일 공산일 수 있다.

이렇게 왕필은 『노자』를 해석하면서 유가적 사유에 가까워진다. 그러나 이전 유가들에게서는 볼 수 없었던 형이상학적 깊이를 갖추었다. 이 형이상학적 특성이 왕필을 송대 성리학자들의 주목과 칭송을 받을 수 있게 한 바탕이다. 왕필의 주석이 훌륭한 요건을 가졌기에 후대에까지 살아남을 수 있긴 하나, 그와는 별개로 후대의 추앙은 그를 불멸의 이름으로 만들어 그의 텍스트가 성공적으로 살아남도록 한다. 송대 성리학의 영향력이 커 가면서 전통시대 내내 보편적 지위를 누렸기에 성리학자들의 평가는 중요하다. 성리학의 영향력은 지금도 적지 않아서 현대의 텍스트 읽기에도 강력한 힘을 행사한다. 주류 담론으로 정착하면서 고상한 논의만 운위된다. 문제는 고상한 논의만이 독점권을 행사해 현실과 유리되면서 생긴다. 앞서 곽상을 거론했지만 곽상이 존재론적 근거로서의 무(無)에 반발했던 이유 가운데 하나가 형이상학적 논의의 공허함이었다. 또 수준 높은 말만 대접을 받으면서 실질적인 논의가 축소된다. 하상공의 주 같은 경우, 형이상학적인 면은 덜하지만 한(漢)나라의 사상을 이해하는 데 중요한 자료인데도 지금은 많이 읽히지 않는다.

현실과 간극이 생긴다는 말은 점점 벌어지는 틈 사이로 왕필의 다른 문제의식이 함몰돼 사라진다는 말이기도 하다. 왕필의 주석에는 지금 보면 더 놀라운 통찰력이 있다. 예컨대 49장 "성인은 (백성을) 모두 어린애처럼 생각한다"[聖人皆孩之]에 붙인 그의 주석이다.

> 무엇하러 한 몸의 총명함을 수고롭게 해서 백성들의 실상을 살피려 하는가. 총명으로 백성을 살피면 백성 역시 다투어 자신들의 총명을 써서 지배자를 피하려 한다. 불신을 가지고 백성들을 찾으려 들면 백성 역시 다투어 불신으로 지배자를 대응한다. 천하 사람들의 마음은 반드시 똑같은 게 아니다. 그들을 대하는 방식을 다르게 하지 않으면 백성들은 자신의 진실을 보여 주려 하지 않는다. 심하구나, 백성을 크게 해치기로는 지배자들이 자기의 총명함을 쓰는 것보다 큰 게 없다.
>
> 何爲勞一身之聰明, 以察百姓之情哉. 夫以明察物, 物亦競以其明避之;以不信求物, 物亦競以其不信應之. 夫天下之心不必同, 其所應不敢異, 則莫肯用其情矣. 甚矣, 害之大, 莫大於用其明矣.

지배계급과 백성들의 관계에 대한 그의 의견이다. 왕필의 시대에도 백성들을 균질한 존재로 보지 말라 했다. 계급사회일수록 백성들을 무시하고 함부로 하는 게 일상인데 백성들도 나름의 총기가 있다 했다. 근대 국민국가의 논리는 국민화하는 작업, 즉 전혀 다른 배경과 지역과 언어와 생각을 가진 사람들을 인위적으로 동일화, 균질화시켜 자신들이 하나라고 착각하도록 만드는 장치에 기반한다. 국민이라는 말에 깊이 침윤돼 다른 사고가 작동하지 않을 때, 왕필의 말은 다른 상상력을 눈뜨게 한다.

'총'은 잘 듣는 것을 말하고 '명'은 잘 본다는 말이다. 잘 듣고 잘 보니 잘 살핀다[察]고 할 수 있다. 잘 살피려는 대상은 '백성의 진심'[情]이다. 이 말의 전언은 백성의 진심은 총명으로 모두 살펴지지 않는다는 말이다. 백성은 그리 간단한 존재가 아니니까. 여기에 한마디 덧붙인다. "천하의 마음은 똑같지 않다." 제민[齊民]이라 해서 백성을 균질하게 보고 동일한 집단으로 파악해 통치하는 것이 전통시대를 관통하는 생각이다. 하상공은 백성의 마음이 동일하지 않다고 일갈한다. 그렇기에 통치가 어려운 것이고 고민해서 행해야 하는 최고의 작업이 되는 것이다. 시민들을 끊임없이 동질화 균질화하려는 지금도 새겨볼 만한 말이 아닌가.

「노자지략」에 대하여

왕필의 주를 마무리하기 전에 한 가지 덧붙일 게 있다. 왕필이 지은 「노자지략」(老子指略)에 대해서다. 「노자지략」은 연구자들 사이에서는 필독의 글이지만 일반에는 널리 알려지지 않았다. 『노자』 이해에 필수적인 글인데도 전문적인 느낌이 강해 일부러 논의하지 않는 것 같다. 왕필은 『논어』에도 『주역』에도 주석 작업을 했기 때문에 해박한 고전지식을 지녔다. 자유롭게 고전을 인용하면서 『노자』를 설명한 글인데 본격적인 논문이라 밀도가 높고 치밀한 논리로 짜였다. 주석과 달리 단편적인 언급이 아니라 『노자』 전반을 아우르는 글이기 때문에 구조를 따지며 읽으면 『노자』를 이해하는 왕필의 안목을 알 수 있다. 『노자』에 대해 따로 글을 썼다는 사실이 『노자』에 대한 왕필의 관심을 웅변해 준다.

「노자지략」은 앞서 언급한 하소(何劭)가 왕필이 『노자』에 주석을 하고 「노자지략」을 썼다는 기록을 남겼기에 누구나 알고 있었던 것인데 실물을 본 사람은 많지 않은 것 같다. 「노자지략」 발굴 이야기가 흥미롭다. 우리가 쉽게 구해 볼 수 있는 「노자지략」 현행본은 1956년에 와서야 『정통도장』(正統道藏: 도장경道藏經이라고도 한다)에서 발견되었다. 『정통도장』에는 '노자미지예략'(老子微旨例略)이란 제목으로 실려 있었는데 하소는 '미지예략'(微旨例略)을 줄여 '지략'(指略)이라고 했던 것. 『정통도장』은 불교의 대장경과 같이 도교의 경전들을 모아놓은 것으로 당나라·송나라를 거쳐 명(明)나라 영종(英宗) 정통 연간(1436~1449)에 완성된 방대한 규모의 도서 컬렉션이다. 「노자지략」의 발견에 대해 읽으면 어이없다는 생각이 든다. 늦어도 3세기 중반에 쓰여져 통행된 글이 15세기 『도장』에 실릴 때까지 엄연히 존재했는데, 이게 20세기 중반에나 재발견되었다니. 아무리 '고전의 재발견'이라지만 헤아리기 어려운 게 글의 운명이다.

「노자지략」에서 주목할 만한 내용 몇 가지를 살펴보자.

> '도'(道)라는 것은 만물이 생겨나는 것에서 취한 명칭이고, '현'(玄)은 가물하고 어두운 의미가 생기는 것에서 취한 것이며, '심'(沈)은 깊은 이치를 탐색하지만 다 파악하지 못하는 것에서 취한 것이며, '대'(大)는 채우고 채워도 그 끝에 도달할 수 없는 것에서 취한 것이며, '원'(遠)은 아득히 멀어 도달할 수 없다는 데서 취한 것이며, '미'(微)는 헤아리지 못할 만큼 작아서 볼 수 없다는 것에서 취한 표현이다. 그러하니 도(道)·현(玄)·심(沈)·대(大)·원(遠)·미(微)라는 말은 각자 자기 뜻이 있지만 의미를 완벽하게 다 드러내지는 못한다. 그렇다고 채우고 채워도 끝이 없는 것을 세(細, 작다)라 이름 붙

일 수 없고 너무 작아 오묘하게 존재해 형체가 없는 것을 대(大)라 할 수는 없다. 이 때문에 본문에서 '이름을 붙여 도라고 한다'라든가 '이를 일러 현이라고 한다'는 식으로 말했지 특정한 명칭을 부여하지 않은 것이다.

夫道也者, 取乎萬物之所由也 ; 玄也者, 取乎幽冥之所出也 ; 深也者, 取乎探賾而不可究也 ; 大也者, 取乎彌綸而不可極也 ; 遠也者, 取乎綿邈而不可及也 ; 微也者, 取乎幽微而不可覩也. 然則道·玄·深·大·微·遠之言, 各有其義, 未盡其極者也. 然彌綸無極, 不可名細 ; 微妙無形, 不可名大. 是以篇云 ; 字之曰道, 謂之曰玄, 而不名也.

왕필의 말은 개념을 이해하는 중요한 함의를 담고 있다. 먼저 도(道)를 고정된 실체로 파악하는 방식이 도를 오해하는 일임을 말한다. 일반적으로 도를 최고의 실체로 보고 현(玄)·심(沈)·대(大)·원(遠)·미(微)를 하위범주로 놓아 도의 다양한 속성이나 현상으로 본다. 왕필은 그런 게 아니라고 판단했기 때문에 도를 현(玄)·심(沈)·대(大)·원(遠)·미(微)와 동일한 차원에 놓고 논의를 벌인 것이다. 도 역시 임의로 붙인 개념이기 때문이다. 『노자』에서 도가 다양한 이름, 예컨대 무(無)나 통나무[樸]와 같이 본질이 아니라 성격이나 속성으로 불리는 것도 그런 이유에서다. 유명한 『노자』 1장의 발언을 상기해도 좋을 것이다. 이 발언에는 언어의 한계에 대한 지적이 담겨 있는데, 그보다 중요한 것은 언어를 포기할 수 없다는 생각이다. 『노자』나 『장자』를 읽을 때 흔히 저지르는 실수가 언어의 한계에 대한 독자의 과한 선입견인데 왕필의 발언을 잘 읽어 보면 언어의 한계에 대한 경계 위에 언어를 포기할 수 없는, 포기하면 안 된다는 사고가 분명하게 담겨 있다. 재삼 강조하지만 노자나 장자가 언어의 한계를 자각하면서 언어를 구사한다는 사실을 잊으면 안 될 것이다.

왕필은 노자의 핵심을 무엇으로 보았을까.

노자의 근본 취지는, 태초의 근원을 논해 스스로 그러한 본성[自然之性]을 밝혔으며 아득한 깊이의 극점을 설명해 홀리고 속이는 미망을 판정하는 것이다. 도를 따르고 인위를 행하지 않으며, 덜어내고 일을 펼치지 않는다. 근본을 숭상하고 말단을 종식시키며, 모태를 지켜 자식을 보존한다. 교묘함과 기술을 천하게 보며, 아무 일도 일어나지 않았을 때 미리 일을 실행한다. 남을 책망하지 않으며, 반드시 자신에게서 찾는다. 이것이 핵심이다.

其大歸也, 論太始之原而明自然之性, 演幽冥之極以定惑罔之迷. 因而不爲, 損而不施；崇本以息末, 守母以存子；賤夫巧術, 爲在未有；無責於人, 必求諸己；此其大要也.

"아득한 깊이의 극점"이라고 번역한 "유명지극"(幽冥之極)은 심오해 알기 어려운 것의 최고 경지쯤으로 이해할 수 있을까. 그런 까닭에 사람들을 홀리고 속이고 혹하게 만들어 오도하기 쉬운데 그 심오한 것을 자세히 설명하고 밝혀 헷갈리지 않게 했다는 찬탄이다. 현대의 독자들에겐 풀기 어려운 숙제가 주어진 것 같은데 왕필은 미망(迷妄)을 깨뜨렸다고 노자를 칭찬한 것이다. "도를 따르고"부터 끝까지는 "미망을 판정"했다는 말의 부연 설명으로 봐도 좋을 것이다. 인용한 말 가운데 "근본을 숭상하고 말단을 종식시킨다"[崇本以息末]는 말이 보이는데, 왕필은 이 구절을 『노자』의 키워드로 본다.

> 『노자』란 책은 한마디로 포괄해 말할 수 있을 것이니, 아아, 근본을 숭상하고 말단을 종식시키는 것일 뿐이다. 시작되는 곳을 관찰하고 귀착점을 찾으면 말은 근본에서 멀지 않을 것이며 일은 근간에서 벗어나지 않는다. 『노자』의 글은 5천 자에 불과하지만 관통하는 것은 하나다. 의미가 넓고 풍부하지만 그 많은 뜻은 종류가 똑같다. 한마디 말로 포괄할 수 있다는 뜻을 이해한다면 아무리 심오하더라도 알지 못할 것이 없다. 매 구절을 볼 때마다 각자 뜻이 있다고 생각하면 아무리 설명을 잘 한들 더욱 헷갈릴 뿐이다. … 오직 백성들이 사랑하고 욕망하는 일이 생겨나지 않도록 하는 일이 중요하

지 그들의 사악한 행위를 공격하는 일은 중요하지 않다. 그러므로 소박함을 알아 성스러움과 지식을 끊어 버리고 사사로운 욕망을 적게 해 교묘함과 이익을 버리라고 말한 것은 모두 근본을 숭상하고 말단을 종식시키는 것을 말한다.

老子之書, 其幾乎可一言以蔽之. 噫, 崇本息末而已矣. 觀其所由, 尋其所歸, 言不遠宗, 事不失主. 文雖五千, 貫之者一 ; 義雖廣贍, 衆則同類. 解其一言以蔽之, 則無幽而不識 ; 每事各爲意, 則雖辯而愈惑 … 唯在使民愛欲不生, 不在攻其爲邪也. 故見素樸以絶聖智, 寡私欲以棄巧利, 皆崇本以息末之謂也.

『논어』의 문장 "일언이폐지"(一言以蔽之)를 빌려와 펼치는 왕필의 논의는 공자가 "사무사"(思無邪)라는 말로 시(詩)를 꿰었듯 "숭본식말"(崇本息末)로 『노자』를 관통한다. 왕필은 "숭본식말"을 추상적으로 논의하는 것에서 시작하여 마지막에 사회정치사상으로 구체화한다. 백성을 사랑하고 욕망하지 않도록 만들라는 왕필의 부연 설명은 그가 읽은 『노자』의 방향을 적시한 것이다. 『노자』 전체가 일관된 논리로 설명 가능하기에 왕필 자신 "말 한마디를 이해해 포괄"[解其一言以蔽之]한 작업을 보여 주었다. 추상에서 구체로, 심오한 것에서 현실세계까지 아우르는 왕필의 사고는 정녕 노자를 자기 방식으로 독해했다고 판단할 수 있겠다.

2장 _ 하상공의 주

황로학

하상공 주는 한 가지 뚜렷한 특징을 갖는다. 제왕의 학으로 『노자』를 읽는다는 점이다. 제왕의 학을 특칭해서 황로학(黃老學)이라고 한다. 다시 말해, 하상공 주는 황로학의 관점에서 일관되게 『노자』를 해석했다고 할 수 있다.

황로학이란 무엇인가. 두 경로로 접근이 가능할 것이다. 하나는 정치사상으로서의 황로학이다. '황로'(黃老)라는 말은 사마천의 『사기』에 처음 보이는데 사마씨 부자(父子)는 '황로학'이라는 말을 엄밀하게 정의하지 않고 사용했다. 정의할 필요가 없었다고 보는 게 좀더 합당할 것이다. 한나라 초기에 유행했던 사상이어서 당대에는 누구나 알 수 있었기 때문에 따로 정의해야 한다고 느끼지 않았을 것이다. 황로학은 황제(黃帝)와 노자(老子)의 사상을 결합했다고 알려졌는데 강조점은 노자가 아니라 황제에 찍힌다. 노장(老莊)으로 칭해지던 노자의 주류는 은둔파가 대부분이어서 개인수양에 전념할 뿐 통치라는 사회적 행위에는 별 관심이 없었기 때문이다. 황로학은 세상에 참여해 치국을 논하는 것이었으므로 노자보다는 황제의 말을 중심으로 자신들의 주장을 내세웠다. 황제의 말을 근거로 한다고 할 때 근거가 되는 문헌증거가 필수적인데 다행스럽게 1973년 마왕퇴에서 『노자』 백서본이 출토될 때 『황제사경』(黃帝四經) 백서본이 함께 발견되어 황로학을 좀 더 명확하게 연구할 수 있게 되었다. 황로학 연구가 20세기 후반에 와서야 본격적으로 연구되기 시작한 이유이기도 하다.

그렇다면 황로학의 핵심 내용은 무엇일까. 치국의 도를 탐색하던 일군의 도가 사상가들이 노자의 말에 춘추시대 이래 유행하던 황제의 말[黃帝之言]을 엮은 것으로, 『노자』의 철학적 담론이 황제의 치국방략과 합치된 형태다. 통상 도법결합(道法結合)으로 설명한다. 『노자』의 우주론에서 연역된 무위자연을 정치적 주장의 철학적 기초로 삼고 여기에 법치의 이론적 근거를 마련한 것을 말한다. 전통적인 사고방식에서는 도가가 법치를 반대했지만 자연을 숭상하는 사고가 오히려 법치의 이론적 토대를 마련했다고 해석한 점이 황로학의 중요한 발견이었다. 한비자가 『노자』에서 자신의 법치에 대한 이론적 근거를 찾았다는 사실을 상기할 필요가 있다. 도와 법의 결합이라는 미증유의 사고 실험이 황로학으로 결실을 맺었던 것이다.

황로학은 또 역사적 존재로 이해할 수 있다. 학자들은 황로학이 전국시대에도 존재했다고 보는데 통상 전국 말기에서 한나라 초기에 유행했던 역사적 실제로서 주목할 수 있다. 황로학이 후대에 큰 인상을 남긴 것은 한나라 초기에 크게 번성했기 때문이다. 한나라는 통일제국을 건설한 후 '청정무위'(淸淨無爲), '여민휴식'(與民休息)을 국가정책으로 삼았는데 이 말은 모두 황로학에서 나온 것이다. 통일제국을 건설하기까지 수십 년 동안 쟁투가 벌어지면서 숱한 인명 손실과 자원 소비가 있었고, 백성들은 열악하고 긴장된 삶을 살아야 했다. 어떤 방식으로든 휴식하면서 숨 돌릴 시간이 절대적으로 필요했던 것이다. 소모된 모든 것을 재건하는 일은 휴식 이후의 일이었다. 황로학의 유행은 시대의 절대 요청에 잘 부응해서였다.

사마천의 『사기』 「여후본기」(呂后本紀)에는 유혈 가득한 궁중암투가 묘사되는데 이것만 읽어서는 한나라 초기에 안정되지 못한 정치행태를 보는 것 같은 착각에 빠지기 쉽다. 사마천이 논찬에서 '궁중에서의 일이었을 따름'이고 백성들은 평화로웠다고 평한 것은 독자들의 오해를 잘 알고 있었기 때문이다. 여후가 유방 사후 권력을 휘두를 수 있었던 것은 역으로 한대 사회가 황로학으로 충분히 휴식을 가지면서 안정된 단계에 있었기에 가능했다고 생각할 수 있다. 이런 사회 분위기는 이후 문제(文帝) 치세 기간 절정에 이르고 혈기왕성한 무제조차 초기에는 황로학의 분위기에서 벗어나지 못했음을 사마천의 기록에서 읽을 수 있다.

하상공 주의 독법

하상공 주는 이러한 시대 분위기와 정치사상을 기초로 쓰여진 저작이라 할 수 있다. 하상공 주의 체제를 간단히 언급해 보자. 하상공은 『노자』를 81장으로 나누고 크게 네 개의 권(卷)으로 묶었다. 권 일(一), 권 이(二) … 등은 편의상의 구분일 뿐이고 중요한 것은 각 장마다 제목을 붙였다는 사실이다. 각 장의 주제를 드러낸다고 하상공이 생각한 것 같은데, 예컨대 '체도(體道) 제일(第一)', '양신(養身) 제이(第二)', '안민(安民) 제삼(第三)' 등등이 그러하다.

먼저 철학적 함의가 짙은 『노자』 1장의 첫 두 문장[道可道, 非常道; 名可名, 非常名]에 대한 주석을 보자. "도를 체득하다"[體道 第一]라는 제목 아래 유명한 문장을 다르게 해석한 게 눈에 띈다. "도가도, 비상도; 명가명, 비상명"(道可道, 非常道 ; 名可名, 非常名)에 대해 하상공 주는 이러하다.

> ('도가도'道可道는) 경술정교(經術政敎)의 도를 말한다. 스스로 그러한 장생[自然長生]의 도가 아니다('비상도'非常道). 상도(常道)는 무위(無爲)로 정신을 돌보고, 아무 일을 만들지 않고 백성을 편안하게 하며, 빛은 머금고 빛나는 모습을 감추며, 흔적을 없애고 일의 단서를 제거해야 하는 것을 말하므로 도라고 칭할 수 없는 것이다.
> 謂經術政敎之道也. 非自然長生之道也. 常道, 當以無爲養神, 無事安民, 含光藏暉, 滅跡匿端, 不可稱道.

> ('명가명'名可名은) 부귀와 존영(尊榮)이 세상을 초월할 만큼 높은 명성을 말한다. 스스로 그러한 상태로 항상 있는[自然常在] 명칭이 아니다('비상명'非常名). 상명(常名)은 갓난아기가 말을 못하고, 병아리가 아직 알에서 깨나오지 못하고, 빛나는 진주가 조개 안에 있으며, 아름다운 옥이 돌 속에 있는 것과 같은 것으로, 안은 빛나더라도 밖은 우둔한 듯한 것이다.
> 謂富貴尊榮, 高世之名也. 非自然常在之名也. 常名, 當如嬰兒

之未言, 鷄子之未分, 明珠之蚌中, 美玉處石間, 內雖昭昭, 外如愚頑.

주석을 따라 본문을 읽으면 왕필의 독법과 전혀 다르다. "도를 나라를 다스리고 교화하는 것[經術政教]으로 이해한다면 자연장생의 도가 아니다. 이름을 부귀영예로 이해한다면 자연스럽게 항상 존재하는 이름이 아니다" 정도로 해석할 수 있을 것 같다. 상도(常道)는 "무위양신, 무사안민"(無爲養神, 無事安民)이라는 주에서 보듯 경술정교(經術政教)의 인위적이고 제도적인 장치가 아니라, 무위를 추구하면서 안민(安民)을 목표로 한다. 안민이라는 말에서 이 말을 듣고 실천하는 사람은 치자, 즉 임금임을 알 수 있다. 그럴 경우 무위를 행하면서 양신(養神)하는 주체 역시 임금일 수밖에 없다. 명(名)에서도 세속의 명예를 드러내지 않고 빛을 감추고 보이지 않는 존재로서 임금을 상정하고 말한다. 도와 명칭에 대한 형이상학적 해석과는 다른 읽기다.

'순박한 기풍(혹은 풍속)'쯤으로 풀이할 수 있는 제17장 순풍(淳風) 장은 권이(卷二)의 시작이기도 한데, "가장 훌륭한 것은 아랫사람이 임금이 있는 줄 아는 것이다. 그다음은 친밀감을 느끼고 칭찬한다. 그다음은 두려워하고 경멸한다"[太上, 下之有之 ; 其次, 親之譽之 ; 其次, 畏之侮之]라는 문장이다. 하상공은 이 문장에 대해 다음과 같이 주석을 붙였다.

> '태상'(太上)은 태고의 이름 없는 임금을 말한다. '하지유지'(下之有之)는 아랫사람이 위에 임금이 있는 줄 알지만 신하로서 섬기지 않는다는 말이다. 질박하다는 뜻이다. (그다음은) 그의 덕이 볼만하고 은혜를 칭찬할 만해 그런 까닭에 친밀히 여기고 사랑하며 칭찬한다. (그다음은) 형법을 만들어 다스린다. '외지'(畏之)는 금령이 많고 번거로워 진실함으로 돌아갈 수 없다. 때문에 속이고 업신여긴다.
>
> 太上, 謂太古無名之君也. 下之有之者, 下之上有君, 而不臣事, 質朴也. 其德可見, 恩惠可稱, 故親愛而譽之. 設刑法以治之. 禁多令煩, 不可歸誠, 故欺侮之.

하상공은 태고의 이름 없는 임금을 모범으로 삼아 정치하라는 암시를 깔고 있다. 마지막 단계에서, 임금이 형법을 만들어 백성을 다스리면 백성들은 법령이 많고 괴로워 윗사람을 속이고 업신여긴다고 했다. 두려워한다[畏之]는 말을 임금이 형법을 만들어 백성을 두려워하게 만든다로 풀고, 업신여긴다[侮之]는 말은 백성이 형법을 만든 임금을 속이고 업신여긴다로 풀어 임금과 백성의 상호관계로 보았다. 형법의 가능성을 끌고 들어왔다는 게 흥미로운데 상호관계를 설정해 통치행위가 명확하게 부각되었다.

왕필의 주석과 비교해 보자. 왕필은 '태상'을 대인(大人)으로 풀어 임금으로 보았다[大人在上]고 할 수 있는데 현재성에 방점을 두었다. 왕필본은 "기차, 외지; 기차, 모지"(其次, 畏之; 其次, 侮之)로 기록돼 단계를 하나 더 두었는데 "외지"(畏之)에는, "다시 은혜와 사랑으로 사람에게 영을 내릴 수 없어 권위에 기댄다"[不復能以恩仁令物, 而賴威權也]라 했고, "모지"(侮之)는, "올바름으로 백성을 평등하게 할 수 없어 지혜로 나라를 다스리니 백성이 이것을 알고 피해 임금의 명령을 따르지 않는다. 때문에 '업신여긴다'고 했다"[不能以正齊民, 而以智治國, 下知避之, 其令不從, 故曰侮之也]라고 풀었다. 하상공이 형법으로 본 것을 왕필은 "위권"(威權)이라는 포괄적인 표현으로 썼다. 위권을 권력의 위엄과 위세로 보아 형법까지 포함한다고 볼 수 있지만 그보다는 노자의 무위가 법과 상치되기에 법과는 다른 인위적인 상황을 상상한다고 봐야 할 것이다. 때문에 업신여긴다고 할 때도 임금이 꾀[智]를 쓰니까 백성들이 작위인 줄 알고 피한다고 한 것이다.

왕필이 쓴 '지'(智)를 하상공은 형법, 금령으로 명시했다는 사실에 주목하자. 왕필의 해석이 좀더 노자에 가깝다는 것도 노자의 무위를 깊이 이해했기에 가능했음을 여기서 확인할 수 있다. 반면 하상공의 주를 왕필의 관점에서 보면 무위를 이야기하는 노자의 본래 모습을 인공적인 부속물로 탈바꿈시켰다고 오해할 수 있다. 하지만 하상공이 살았던 시대에는 오히려 형법이나 금령으로 이해하는 것이 자연스럽지 않았을까. 하상공의 이해방식은 왕필과는 다른, 바로 황로학의 해석 방법임을 알 수 있다. 다시 『노자』 원문을 보자.

하상공: "태상, 하지유지 ; 기차, 친지예지 ; 기차, 외지모지"(太上, 下之有之;其次, 親之譽之;其次, 畏之侮之)

왕필: "태상, 하지유지 ; 기차, 친지예지 ; 기차, 외지 ; 기차, 모지"(太上, 下之有之 ; 其次, 親之譽之 ; 其次, 畏之 ; 其次, 侮之).

하상공의 글은 6자씩 3단락으로 2+4형식으로 일관한다. 왕필은 4단락으로 6+6+4+4형식이다. 왕필의 경우 "기차"(其次)라는 두 글자가 끼어든 것이다. 어떤 것이 읽기에 혹은 듣기에 더 리듬감을 가질까. 하상공 『노자』가 왕필의 것보다 더 오래된 텍스트다. 『노자』 원문 자체가 리듬감이 뛰어나 왕필 『노자』처럼 글자를 끼워 넣어도 리듬감이 훼손되지 않는다. 어느 쪽 원문이 좋은지 굳이 하나를 선택하라면 하상공의 글을 택할 수밖에 없는데 삼박자의 안정감이 4박자의 단순함보다 낫다고 느끼기 때문이다. (왕필도 리듬감을 감지했기 때문에 글을 균형 있게 썼다. 리듬감은 다르게 볼 수도 있겠다.)

이런 얘기를 하는 까닭은 하상공 주의 가치가 왕필의 명성에 가려 과소평가되기 때문이다. 당나라 때까지 하상공 주가 1천 년 동안 읽혀 왔다는 사실을 일부러 강조할 이유는 없다 해도 하상공 텍스트와 주(注)가 문자학 측면에서 보든 한대(漢代) 철학을 연구한다는 면에서 보든 왕필의 그것보다 훌륭하다고 생각하는 학자들이나 연구자가 있음은 기억할 필요가 있다. 학문의 쏠림현상이, 복수(複數)로 전해지는 유산의 자유로움과 다양한 해석에 장애가 된다는 점은 지적할 수 있겠다.

하상공 주의 특징

왕필이 『노자』를 치국의 텍스트로 읽는 태도는 하상공과 공유하는 부분이다. 하지만 왕필은 유가적 가치인 성지인의(聖智仁義)를 포기할 수가 없어 그런 가치를 공격하는 언사로 읽을 수 있는 19장의 경우 해석이 까다로울 수밖에 없었음을 앞서(왕필 주) 언급했다. 하상공의 경우 그럴 필요가 없었다는 점을 문제의 19장을 통해 알 수 있다.

"성인을 끊어 버리고 지혜를 버려라. 백성의 이익이 백배가 될 것이다. 인을 끊고 의를 버려라. 백성이 효와 자애를 회복할 것이다"[絶聖棄智, 民利百倍 ; 絶仁棄義, 民復孝慈]라는 『노자』의 본문에 하상공은 이렇게 주석을 달았다. "(절성絶聖은) 성인이 만든 제도를 끊고 처음으로 돌아가 근원을 지키는 것이다. 오제(五帝)가 형상을 전해 주어 창힐이 글을 만들었으나 삼황(三皇)이 끈으로 매듭을 지어 문자가 없었던 것보다는 못하다. (기지棄智는) 지혜와 은혜를 버리고 무위로 돌아가는 것이다. (절인기의絶仁棄義는) 인(仁)이 은혜를 보여 주는 것을 끊고, 의(義)가 화려한 말을 숭상하는 것을 버리라는 말이다"[絶聖制作, 反初守元. 五帝垂象, 蒼頡作書, 不如三皇結繩無文. 棄智惠, 反無爲. 絶仁之見恩惠, 棄義之尙華言].

하상공은 유가의 가치를 공격하고 있다는 것에 개의치 않고 무위(無爲)를 기준으로 『노자』를 해석한다. 인의(仁義)를 드러내고 과시하는 거짓스러움을 없애야 한다는 말로, 형식화된 인의라는 가치를 배격한 것이다. 앞서 "도가도, 비상도"(道可道, 非常道)에서 본 '감춘다'는 테마가 여기서도 모습을 드러낸다.

『노자』는 하편 즉 덕경으로 불리는 38장부터 철학적 담론보다 실천적 논의가 풍부해 『한비자』에서부터 주목을 받았다고 몇 번 언급했다. 하상공의 『노자』 읽기는 하편에서 그 특징이 두드러진다. 하상공 주의 권삼(卷三) 시작이기도 한 『노자』 38장의 유명한 첫 구절, "최상의 덕은 덕처럼 보이지 않는다. 이 때문에 덕이 있다"[上德不德, 是以有德]는 구절을 보자. 하상공은 이 장에 "덕을 말한다"[論德]라는 제목을 달고 "상덕은 태고의 이름 없는 임금을 말한다. 덕이 커서 그 이상이 없기 때문에 상덕이라 했다. 부덕은 덕으로 백성을 교화하려 하지 않고 스스로 그러한 모습[自然]을 따라 사람들의 본성과 생명을 돌보기에 그 덕이 드러나지 않는다. 때문에 덕처럼 보이지 않는다고 한 것이다. (두번째 구절은) 그 덕이 천지와 합쳐져 온화한 기운이 가득 차 움직이기에 백성들이 온전할 수 있음을 말한다"[上德, 謂太古無名號之君, 德大無上, 故言上德也. 不德者, 言其不以德教民, 因循自然, 養人性命, 其德不見, 故言不德也. 言其德合於天地, 和氣流行, 民得以全也]라고 주석을 붙였다. "시이유덕"(是以有德)의 주체를 백성으로 본 점이 특이한데 여기서도 임금과 백성 관계를 염두에 두고 통치의 관점에서 풀었음을 알 수 있다. 개인의 덕성에 대한 진술이 아니라 정치의 이상적인 행태를 나타내는 글로 읽었는데 도가의 이상을 잘 구현한 아름다운 해석이다.

임금의 행동을 직접 논하는 63장의 경우는 어떨까. 하상공은 "임금의 자리에서"[居位]라고 제목을 붙였는데 첫 구절이 인구에 회자되는, "큰 나라를 다스릴 때는 작은 생선을 요리하듯 하라"[治大國, 若烹小鮮]이다. 하상공은 "선(鮮)은 생선이다. 작은 생선을 요리할 때는 내장을 제거하지 않고 비늘을 벗기지 않고 감히 뒤적거리지 않으니 문드러질까 봐 그렇다. 나라를 다스리는 일이 번거로우면 아래가 어지러워지고, 자신을 다스리는 게 번거로우면 정기가 흩어진다"[鮮, 魚也. 烹小鮮, 不去腸, 不去鱗, 不敢撓, 恐其糜也. 治國煩則下亂, 治身煩則精散]라고 했다. 이 글의 묘미는 대국(大國)과 소선(小鮮) — '큰 나라'와 '작은 생선' — 이라는 비교되기 어려운 대상을 병치시킨 데서 온다. 하상공은 두 가지 사물의 접점을 번거로움[煩]이란 글자로 요령 있게 잡아냈는데 번거로움은 황로학의 이념에서 무위와 반대되는 글자이기에 핵심을 찌른 말이다.

『노자』에는 이와 비슷한 말로, "나라를 작게 하고 백성을 적게 하라"[小國寡民]고 했다(80장). 63장에서 말한 대국은, '대국을 다스릴 경우', 혹은 '대국을 다스리더라도' 정도의 가정하는 말로 이해해야 할 듯하고, 80장의 이 말(소국)이 노자가 상상하는 세상일 가능성이 크다. 하상공은 이 말에, "성인은 대국을 다스리더라도 작다고 생각해 검약하고 사치하지 않으며 백성이 많더라도 적은 것처럼 보아 백성을 수고롭게 하지 않는다"[聖人雖治大國, 猶以爲小, 儉約不奢泰, 民雖衆, 猶若寡少, 不敢勞之也]라고 했다. 왕필도 그렇지만 하상공의 경우도

대제국을 산 사람이라 "소국과민"(小國寡民)의 이상과는 거리가 멀었다. 하상공은 이 말을 임금에게 하는 조언으로, 검약하고 백성을 수고롭게 부리지 말라는 뜻으로 풀었다. 통치관계를 이면에 깔고 있다는 사실을 재삼 확인하게 된다.

하상공 주의 특징을 정리해 보자. 하상공 주는 왕이라는 통치자를 듣는 사람으로 상정하고 글을 이끈다. 노자는 철학적 언사와 통치의 문제, 양생에 대한 견해, 심지어 병법에 대한 논의까지 다양한 주제를 압축된 언어로 펼쳐 놓았다. 양생의 경우 개인적인 자기 수련으로 이해하는 것이 일반적인데 하상공은 양생의 주체를 왕으로 명시해 양생론 역시 통치의 한줄기로 볼 수 있도록 하였다. 양생론의 해석에서 노장학파의 일부가 『노자』 해석을 통치론과 결합하면서 각 학파의 여러 면을 흡수했다는 혼합적인 면모를 감지할 수 있다. 『노자』 텍스트를 통일적인 작품으로 볼 수도 있다. 그렇지만 다양한 담론이 모인 저수지와 같다는 의견도 존재하는데 텍스트 자체가 혼합적인 해석이 가능한 토대를 제공하기에 가능했다고 풀이할 수도 있겠다. 철학적 언사의 경우도 통치(자)의 이상적인 상태, 혹은 통치의 당위성으로 독해해 치자(治者)의 거울로 작동하도록 풀이했다. 하상공의 이런 일관된 해석이 왕필의 해석과 구분되면서 독자성을 갖는 것이다.

3장 _ 상이주

오두미교의 경전

상이주를 아는 사람은 많지 않을 것이다. 명칭마저 낯선 이 주석은 텍스트 일부분만 전해져 온전치 못하다는 단점과 함께 특정 종교의 경전이라는 편견이 달라붙어 외면된 사정이 있다. 하상공 주와는 다른 면에서 사람들의 오해를 받을 수밖에 없었다. 더구나 역사서에서 오두미교(五斗米教)를 이상한 종교로 낙인찍고 이단이라는 편파적인 언설로 딱지를 붙였으니 몇 겹의 더께를 걷어 내고 가치를 얘기한다는 게 쉬운 일이겠는가. 그럼에도 상이주를 이야기하는 까닭은 두 가지 이유에서다. 첫째, 양생술과 관련된 자료를 담고 있어서이며, 둘째, 『노자』 해석의 다른 측면을 볼 수 있는 좋은 기회이기 때문이다. 강조컨대 자유롭고 다양한 해석에 경전을 노출시키는 작업은 글 읽기를 새롭게 하고 상상력에 다른 자극을 줄 수 있다는 점에서 의의가 작지 않다.

오두미교란 무엇일까. 사전은 오두미도(道)라고도 부르는 도교의 일파라고 설명한다. 『후한서』(後漢書) 「유언전」(劉焉傳)에 기록된 부분을 주로 인용한다. 장릉(張陵)이 학명산(鶴鳴山)에서 도를 배워 부적[符書]을 조작해서 백성들을 홀리고 그 도를 배우는 사람들에게 오두미를 받았기 때문에 미적[米賊, 쌀도적]이라 했다고. 관찬(官撰) 기록이라 혹세무민(惑世誣民)하는 무리였다는 판단이 깔려 있어 사용하는 언어 자체가 편향되었다. 조작(造作)했다거나, 홀렸다[惑]거나, '미적'이란 말을 쓴 걸 보면 그렇다.

지방의 전설과 이야기를 많이 수록해 가치가 높은 지리서 『수경』(水經) '면수주'(沔水注)에는, 장릉이 도를 아들에게 전하고 아들은 또 아들 노(魯)에게 전했는데 노가 백성에게 관대하고 은혜를 베풀어 도의 제사를 받드는 비용으로 쌀 오두를 받았다고 해서 오두미도라고 한다는 기록이 보인다. 한중 지역에 영향이 컸던 오두미교에 대한 기록은 『수경』 쪽이 특정 종교가 백성들에게 파급될 수 있었던 이유를 설명한다는 점에서 더 관심을 끈다. 상이주의 저자를 장릉으로 보기도 하고 장릉에서 장로까지 3대에 걸친다고 의견이 갈라지는 것도 장릉의 영향이 적지 않았다는 방증으로 읽을 수 있겠다.

'오두미'라는 말은 하급관리의 박봉이라는 전거로 쓰이기도 하는데 「도연명전(傳)」에, 관직을 그만둘 때 오두미 때문에 시골 소인배(상급자)에게 허리를 굽히겠냐고 한 말로 유명하다. 박봉이었다고는 하나 백성 편에서 보면 적다고는 할 수 없는 양이었으리라. 미적이라는 말도 한편으로는 그런 뜻을 담았다고 추측할 수 있을 것이다.

남아 있는 기록만으로 오두미교의 전모를 판단하기 쉽지 않은데 상이주를 보면 선행을 권면한 것과 양생술에서 접근한 방식이 주목할 만하다. 현재 전하는 텍스트가 도경 부분(1장과 2장은 누락)이기 때문에 통치술이 집중된 덕경 부분을 볼 수 없지만 남은 자료로 상이주의 특징은 짐작할 수 있다.

상이주의 특징

먼저 선에 대한 의견. 5장을 보자. "천지는 어질지 않다. 만물을 풀이나 가축으로 여긴다"[天地不仁, 以萬物爲芻狗]. 왕필과 하상공은 인위적인 행동은 하지 않는 무심한 천지라는 큰 틀에서 풀었는데 이 견해는 유가적 인간중심주의에 대한 도가적 비판이 암시되었다. 상이주는 이렇다. "천지는 도를 닮아 모든 선에는 어질지만 악에는 어질지 않다. 그러므로 악한 만물은 죽이고 아끼지 않는다. 악한 것을 풀이나 가축처럼 볼 뿐이다"[天地像道, 仁於諸善, 不仁於諸惡. 故殺萬物惡者不愛也. 視之如芻草如狗畜耳]. 인(仁)을 선악에 대응시켜 해석했다. 선악의 경계를 뚜렷이 해서 악인을 죽인다는 말까지 했다. 선이 무엇이고 악이 무엇인지 정의할 필요는 없었을 것이다. 상식적으로 분별할 수 있다는 전제가 있었을 것이며, 악행을 용서하지 않아 두려움을 주려 했다는 것이 중요하다. 상식적인 사고에 호소한다는 점에서 소박하다고 하겠는데 민간종교에서 흔히 볼 수 있는 언설이다. 다음 구절도 이와 관련된다.

"성인은 어질지 않다. 백성을 풀이나 가축으로 여긴다"[聖人不仁, 以百姓爲芻狗]라는 본문에, "성인은 천지를 본받아 선인에겐 어질고 악인에겐 어질지 않다. 정치를 담당했을 때 악인을 죽여 역시 풀이나 가축처럼 본다. 이 때문에 사람은 선행을 쌓아야만 하니 그 정기와 정신은 하늘과 통한다"[聖人法天地, 仁於善人, 不仁惡人. 當王政殺惡, 亦視之如芻草也. 是以人當積善功, 其精神與天通]라는 주석을 달았다.

앞의 글보다 논지가 명확하다. 현실정치에 적용했을 때 악인을 죽이라고 명확하게 언급한다. 그 논리적 귀결은 선행. 여기서 말하는 선행은 이념형이나 고원한 사고로 진전되지 않는다. 선악에 대한 담론이 이런 수준에서 반복되기 때문이다. 종교의 특성 가운데 하나가 선악에 대한 이분법과 흑백논리인데 여기서도 예외가 아니다.

상이주의 현저한 특징이 드러나는 부분은 따로 있다. 6장 전체가 전형적인 예가 될 것이다. "신을 죽게 하지 않으려는 것을 현빈이라 한다"[谷神不死, 是謂玄牝]라는 본문에는, "곡(谷)은 바란다는 말이다. 정기(생명력)가 모여 신(神, 생명력이 발현된 상태)이 된다. 신이 죽지 않도록 하려면 정기를 모아 자신을 지켜야 한다. 빈은 땅이다. 그 모습과 성질이 편안하다. 여자들이 이것을 본받았다. 그러므로 앞서서 끌고 가지 않는다. 남자들은 정기를 모으려 한다면 마음은 땅을 닮고 여자와 같아야 하며 일의 선두가 되지 않아야 한다"[谷者, 欲也. 精結爲神, 欲令神不死, 當結精自守. 牝者, 地也. 體性安, 女像之, 故不掔. 男欲結精, 心當像地似女, 勿爲事先]라고 했다.

6장은 통상적인 해석과 완전히 다르다. 보통 곡신을 한 단어로 묶어 '골짜기의 신' 정도로 풀어 뒤의 "현빈"과 동일어로 이해한다. 곡(谷)이라는 빈 곳이 빈(牝)이라는 여성성과 짝이 되고, 가시적이고 형체가 있는 것[有形]보다 한 차원 높은 단계에서 천지를 논의하기 위해 형체가 없는[無形] 도에 가까운 상태를 지시하기 때문에 신이라는 말과 현이라는 말을 두었다고 파악하는 것이다. 철학적으로 해석한 왕필이 그렇다. 곡(谷)-빈(牝)으로 이어지는 계열을 상이주는 신(神)-빈(牝)으로 이해했고 '현'(玄)이라는 도가 특유의 언어에는 주목하지 않았다. 땅과 여자와 빈을 연결하는 사고는 낯설지 않다

(빈牝이라는 한자 자체가 암컷의 성기 모양을 상형한 것이다). 수동성과 이어지는 곳이기도 한데 "앞서서 이끌지 않는다"는 말로 표현했고 남자들이 본받아야 한다면서 "일의 선두가 되지 말라"고 반복했다. 생명력의 저장소로서 여성성을 나타내는 말로 읽은 것이다.

하상공 주와의 비교

『노자』 6장에 대한 상이주를 하상공 주와 비교해 보면 흥미로운 공통점이 눈에 들어온다. 하상공 주는 양생의 방식으로 읽었다는 점에서 상이주와 통한다. 하상공은 곡을 '돌본다'는 말로 보았다[谷, 養也].

> 사람이 신(神)을 잘 보살필 수 있다면 죽지 않는다. 신은 오장의 신을 말한다. 간은 혼(魂)을 간직하고, 폐는 백(魄)을 간직하며, 심은 신(神)을 간직하고, 신장은 정(精)을 간직하며, 비장은 지(志)를 간직한다. 오장이 다 상하면 다섯 신이 떠난다.
>
> 人能養神, 則不死也. 神, 謂五藏之神也. 肝藏魂, 肺藏魄, 心藏神, 腎藏精, 脾藏志, 五藏盡傷, 則五神去矣.

하상공 주는 중요한 정보를 담고 있다. 첫째, 인간의 몸에 깃든 신(神)이 통칭이라는 것을 기억해야 한다. 각각의 장부(藏部)에 배속시킨 혼·백·신·정·지는 인간의 에너지와 의지, 정신과 사유작용 등을 포괄하면서 연결되어 특정 장기를 가리키는 것으로 읽을 수 없다. 간(liver), 폐(lung), 심장(heart), 신장(kidney), 비장(spleen)이라는 특정 장기에 배속시킬 수 없다는 말이다. 심(心)이 특히 문제인데 심은 심장을 가리킬 뿐만 아니라 마음을 나타내기 때문이다. 마음이 우리를 움직인다고 할 때 심(마음)이 장기 전체를 통괄하듯이 신(神)이 다른 기능(혼·백·신·정·지)을 대표한다고 본 것은 정확하다. 한나라 때의 오행사상이 신체를 보는 의학과 결합하면서 한의(漢醫)라는 고대의학이 정착한 것을 여기서 목격할 수 있다.

하상공이 '현빈'이라는 말에 붙인 주도 눈길을 끈다.

> 불사의 방법이 현빈에 있음을 말한다. 현은 하늘이다. 사람에게는 코에 해당한다. 빈은 땅이다. 사람에게는 입에 해당한다. 하늘은 사람에게 오기(다섯 가지 기운. 찬 것·더운 것·건조한 것·습한 것·바람[寒暑燥濕風])를 먹여 주는데 코로 들어와 심(心)에 간직된다. 오기는 맑고 미묘해 정(精)과 신(神), 듣는 것과 보는 것, 음성과 오성(다섯 가지 본성. 인의예지신仁義禮智信)을 이룬다. 거기 깃든 원천을 혼(魂)이라 한다. 혼은 수

컷이다. 주로 코를 통해 드나들며 사람의 코는 하늘과 통한다. 그러므로 코는 현(玄)이다. 땅은 인간에게 오미(다섯 가지 맛. 신맛·단맛·쓴맛·매운맛·짠맛)을 먹여 주는데 입으로 들어와 신(腎)에 간직된다. 오미는 탁하고 깨끗하지 않아 형체와 골격, 뼈와 살이 되고 혈맥과 육정(여섯 가지 감정. 희로애락애오喜怒哀樂愛惡)이 된다. 거기 깃든 원천을 백(魄)이라 한다. 백은 암컷이다. 주로 입을 통해 드나들며 사람의 입은 땅과 통한다. 그러므로 입은 빈(牝)이다.

言不死之道, 在於玄牝. 玄, 天也, 於人爲鼻. 牝, 地也, 於人爲口. 天食人以五氣, 從鼻入, 藏於心. 五氣淸微, 爲精神聰明, 音聲五性, 其鬼曰魂. 魂者, 雄也, 主出入人鼻與天通, 故鼻爲玄也. 地食人以五味, 從口入, 藏於腎. 五味濁辱, 爲形骸骨肉, 血脈六情, 其鬼曰魄. 魄者, 雌也. 主出入口與地通, 故口爲牝也.

현과 빈을 독립된 개념으로 풀이해 하늘과 땅에 각각 대응시켰다. 호흡과 먹는 것으로 해설해 양생술로 가는 길이 곧바로 이해된다. 앞에 나온 곡신을 구체적으로 설명하는 부분이다. 의외로 양생이라는 콘셉트에서 상이주와 저변에서 통한다. 한나라라는 특정 시대의 어떤 분위기를 헤아릴 수 있을까.

'현빈문, 천지근'의 양생술적 해석

연결되는 다음 구절을 보자. "어두운 골짜기는 생사의 문이자 천지의 뿌리다"[玄牝門, 天地根]라는 상이주의 본문은 왕필본이나 하상공본과 차이가 있다. 왕필본과 하상공본에서는 "현빈지문, 시위천지근"(玄牝之門, 是謂天地根)이라 했는데 상이주 텍스트가 글자를 줄여 더 압축시켰다. 주석을 읽어 보자.

> 빈은 땅이다. 여자들이 이를 본받았다. 어두운 구멍(여성 성기. 여성 성기를 음문陰門이라고 한다)이 문이다. 생사를 관장한다. 가장 중요한 곳이기 때문에 뿌리라고 했다. 남자의 성기도 뿌리라고 한다.
>
> 牝, 地也, 女像之. 陰孔爲門, 死生之官也. 最要故命根. 男荼* 亦名根.

왕필은 현(玄)이라는 글자에 의미를 두어 만물을 낳는 신비한 작용을 표현한 글자로 이해했다. 유교에서는 천지가 만물을 낳아 준다는 생생지리(生生之理)를 중시하는데 현을 그와 통하는 글자로 보았다고 송대 유학자들이 상찬하는 대목

* 남도(男荼)는 남성의 성기 모양으로 만든 노리개[荼]를 말한다.

이기도 하다. 천지근(天地根)도 천지가 이곳에서 생겨난다는 의미로 풀 수도 있기에 현을 도(道)를 형용하는 말로 볼 수 있는 근거이기도 하다. 요컨대 왕필은 도의 오묘한 현상과 천지자연의 탄생에 대한 큰 담론으로 이 구절을 읽은 것이다. 곡-빈-문-근으로 이어지는 일관된 사고를 감지할 수 있다.

하상공은 앞 문장을 토대로 근(根)에 주목했다.

> 근은 근원이다. 코와 입이라는 문은 천지의 원기가 통해 이곳으로 왕래하는 것을 말한다.
>
> 根, 元也. 言口鼻之門, 是乃通天地之元氣, 所從往來.

상이주는 인간적인 차원에서 읽었다. 현빈을 여자의 성기로 읽어 생명을 담당하는 기관으로 읽은 게 그렇다. 천지라는 말에는 아무 설명도 하지 않았는데 '모든 생명'의 뿌리라는 말보다 뿌리라는 말에 강조점을 주었다. 천지가 남녀의 상징으로 통용되는 것을 생식의 차원으로 받아들인 것일까. "천지근"에 대한 설명이 "현빈문"과 연결되는 지점에 핵심어 "천지"에 대한 설명이 빠져 논리적으로 약해 보인다. 여하간 남녀의 결합에 대한 설명이 갖춰졌으므로 다음 단계로 넘어갈 준비가 되었다.

"미약하게 배출하면 길이 살 것이다, 쓰는 일을 부지런히

하지 않아야 한다”[緜緜若存, 用之不勤]라는 본문에 상이주는 다음과 같이 주석을 붙였다.

> 음양의 도는 정기를 모으는 것으로 생명을 이룬다. 나이가 들수록 생명을 더 자각하므로 생명에 관련해서는 스스로 절제해야 한다. 젊을 때에는 정기가 풍부하더라도 정기를 막고 소모되지 않도록 해야 한다. “면면”은 미약하다는 말이다. 정기를 작게 소량 배출해 젊은이같이 되면 장수할 수 있다. 지금처럼 크게 해로운 일을 하고 있으니, 어떻게 도에 이르겠는가. 도는 제사를 잇는 것을 중히 여겨 자손이 끊어지지 않게 하므로 정기를 합쳐 생명을 낳도록 하려 한다. 그러므로 젊을 때부터 정기를 막고 소모되지 않게 줄여 끊기지 않도록 해야지, 부지런히 힘쓰도록 해서는 안 된다. 부지런히 힘쓰는 계책은 어리석은 사람의 마음에서 나온 것일 뿐이니 어찌 도를 원망할 수 있겠는가.
>
> 陰陽之道, 以若結精爲生. 年以知命, 當名自止. 年少之時, 雖有, 當閑省之. 緜緜者, 微也. 從其微少, 若少年則長存矣. 今此乃爲大害, 道造之何. 道重繼祠, 種類不絶, 欲令合精産生. 故敎之年少微省不絶, 不敎之勤力也. 勤力之計, 出愚人之心耳, 豈可怨道乎.

이 구절의 메시지는 명확하다. 정(精)을 아끼라는 것. 정은 생명의 정수[精]이기도 하고 구체적으로는 정액[精]이기도 하며 정력[精]으로 통용되기도 하는 일종의 에너지다. 소모하지 말고 자손을 위해서만 사용하라는 말이 흥미롭다. 이런 관점에 서면 자손을 위한 행위를 빼면 방탕한 행동이 되고 마는데 비현실적인 도덕적 훈계와 비난보다는 장생을 위한 길이라는 우회로를 만들어 정의 낭비를 방지했다. 장생을 위해 정을 아끼는 게 우선이고 자손 유지를 위해 인간의 도리를 행해야 한다는 선에서 가이드라인을 정했다고 봐야 할 것이다. 이는 지나친 방중술(음양의 도)에 대한 경계이기도 하다.

같은 구절에 하상공은 코와 입을 중심으로 주석을 붙였으므로 이것으로 일관한다. "코와 입으로 호흡하며 들이마시고 내쉬는 행위는 미묘하게 이어져 겨우 존재하는 것 같기도 하고 다시 호흡이 없는 것처럼 해야 한다"[鼻口呼噏喘息, 當綿綿微妙若可存, 復若無有]. 호흡법과 방중술로 해석해 기(氣)와 정(精)이 갈라지는 미묘한 차이. 그러나 양생술이라는 공통점.

6장의 마지막 구절 "방중술에 힘쓰지 않아야 한다"[用之不勤]에 대해 상이주는 "이러한 방식을 실행할 수 있으면 응당 신선의 생명을 터득할 것이니 남녀의 일은 아끼지 않을 수 없다"[能用此道, 應得仙壽, 男女之事, 不可不勤也]라고 했다.

바로 앞 구절 "면면약존"(緜緜若存)에 대한 부연 설명이다. 근(勤) 자 풀이에 혼선이 생길 수 있는데 앞에서 "면면약존"에 주석을 붙이면서 상이주의 주석자는 근(勤) 자를 썼다. '근'에는 '힘쓰다'라는 말 이외에도 '지치다, 아끼다(혹은 근심하다)'라는 상반되는 의미가 있어서 문맥을 보아야 한다. 『노자』 본문에는 불근(不勤), 즉 '힘쓰지 않는다'라고 했는데 주석에서는 불가불근(不可不勤), 즉 '아끼지 않을 수 없다'라고 풀어 헷갈릴 수 있다.

왕필은 "면면약존"(緜緜若存)을 현(玄)의 작동으로 보아 하늘의 뿌리가 보이지도 않고 안 보이는 것도 아니어서 희미하게 있는 것 같은 모양이지만 아무리 사용해도 지치지 않는다고 해석했다. 하상공은, "호흡법은 항상 천천히 여유롭게 해야지 급하고 빠르게 애써서 하면 안 된다"[用氣常寬舒, 不當急疾懃勞也]고 했다. 왕필의 시각과 견주어 보면 상이주와 하상공 주는 미묘한 차이를 지니면서 양생술로 묶을 수 있어 천지의 운행을 염두에 둔 왕필과 해석 차이가 크다.

풍부하게 읽기 위하여

단편적으로 세 편의 주석을 살펴보았다. 비교해 보면, 왕필의 해석에 철학적이고 심오한 면이 두드러진다. 추상적이고 고

차원적인 해석을 유지하는 데에는 위진시대의 분위기가 배경에 놓여 있다. 충분한 배경 설명은 하지 않은 채 요절한 한 천재의 탁월한 업적이라는 세간의 과장되고 단순한 인식을 피하려고 왕필에 대한 언급이 길어졌다. 하상공 주는 부당하게 소외된 저술에 대한 관심을 촉발시키는 데 주안점을 두었다. 제왕학과 양생술의 결합이라는 얼핏 다른 범주의 사고를 섞었다는 오해를 다시 생각하는 계기가 됐다면 첫발은 제대로 뗀 것이다.

상이주는 다른 주석들과 비교하지 않으면 어떤 모습인지 감을 잡기 힘들어 해당 부분의 다른 주석 인용이 불가피했다. 상이주는 주석에서 앞에서 한 말을 되풀이 설명하는 아쉬움이 없지는 않으나 쾌락의 테크닉을 이야기하는 방중술을 비판하면서 양생으로서 방중술의 가능성을 논의한다는 점을 강조했다. 도교의 양생술 가운데 하나가 방중술임은 세속적 형태든 뒤틀린 말로든 널리 알려졌지만 어떠한 방식으로 노자에서 파생되었는지 실체를 볼 수 있었다는 점에서 의의를 둘 수 있겠다. 상이주를 이야기할 때 세 주석을 비교하면서 각각의 색깔을 드러내 보았다. 여러 주석을 배치해 다양한 해석을 열어 놓는 것이 풍부한 읽기 방법임을 새삼 깨닫는다.

그동안 남의 얘기를 늘어놓았으니 이제 나 자신의 생각을 털어놓을 차례가 되었다.

3부

시인과 철학자

老子

1장 _ 노자의 언어

리듬감

시인이란 누구인가. 말을 다루는 사람이다. 소설가와 다른 점은 무엇인가. 시인은 운문의 리듬감에 언어를 맡긴다. 운문의 리듬은 산문의 리듬과 다른 것인가. 운문은 압축하고 덜어낸 응집된 언어로 음악의 집을 만들기에 산문과 거리를 둔다. 강조점은 리듬과 응축에 놓인다.

『노자』를 읽다 보면 제일 먼저 느끼게 되는 것이 문장의 리듬감이다. 여기서는 의미보다 원문에 집중해 보도록 하자. 유명한 첫 장. "도가도, 비상도 ; 명가명, 비상명"(道可道, 非常道 ; 名可名, 非常名). 세 글자로 두 구절을 이루되 운(韻 : 道와 名)을 넣어 규칙적인 율동감을 주었다. 의미도 의미이지만 읽을 때 음성에 실리는 리듬에 먼저 반응하게 된다. 의미 이전의 소리에서 벌써 쾌감을 느낀다. 간결한 언어에 리듬이 부여되고 의미가 실려 전달된다.

『노자』에는 이런 언어들이 가득하다. 4장에서도 유사한 리듬이 반복된다. "좌기예, 해기분, 화기광, 동기진"(挫其銳, 解其紛, 和其光, 同其塵). "[도道는] 예리함을 꺾고, 엉킨 것을 풀며, 환한 빛을 누그러뜨리고, 티끌[세상사람]과 함께한다"는 뜻이다. '좌예해분'(挫銳解紛), '화광동진'(和光同塵)이라는 사자성어가 생긴 말이기도 하고 실제 사자성어는 널리 쓰인다. 노자는 '기'(其)라는 글자를 끼워 넣어 각 구절을 세 글자씩으로 만들고, 두 구절의 단락을 쌍이 되도록 했다. 이 구절은 『노자』 1장과 패턴은 같아 보이지만 차이가 있다. 첫 장은 '도가도, 비상도'(道可道, 非常道)가 '명가명, 비상명'(名可名, 非常名)과 대칭 구조인 데 비해 4장의 진술은 쌍을 이루면서 열거한 것이기 때문이다. 하지만 어느 글이든 네 구절이 반복되기 때문에 단순한 리듬이 지속되는 것은 지루한 느낌을 줄 위험이 있다. 당연히 이어지는 글은 반복되는 리듬을 깨면서 불규칙하게 진행되는 문장이 온다.

4장의 경우는 이렇다. "담혜사혹존, 오부지수지자, 상제지선"(湛兮似或存, 吾不知誰之子, 象帝之先). 이 문장은 '[도道는] 맑구나, 있는 것 같기도 한데 나는 누구의 자식인지 모르네. [만물을 주재하는] 상제보다 먼저인 것 같구나'라고 해석할 수 있다. 앞 문장에서 세 글자씩 네 구절을 열거했으니 5자, 6자,

4자로 받아서 문장을 끝맺었다. 세 글자로 된 문장을 쓰지 않으면서 다양한 문장을 구성했다. 이는 앞 문장의 규칙성을 파괴하면서 불규칙성으로 새로운 리듬을 만들었지만 동시에 앞 문장의 정형성이 있기에 자유로운 행문(行文)이 가능했다는 점도 지나쳐서는 안 된다.

한문은 네 글자를 사랑한다. 사자성어는 네 자를 중심으로 만들어졌다. '사자성어'란 말 자체가 네 자 아닌가. 노자는 세 글자를 사랑하는 것일까. 세 자로 된 문장이 무수하게 등장한다. 세 자로 된 말은 네 자로 된 말에 비해 한 문장을 만들기 까다롭다. 때문에 위에 인용한 구절처럼 두 구나 세 구로 문장을 이룬다. 47장, "불출호, 지천하; 불규유, 견천도"(不出戶, 地天下; 不闚牖, 見天道. '문밖을 나가지 않아도 천하를 알고 창밖을 보지 않아도 천도를 안다')도 마찬가지다. 이 구절은 첫 장과 동일한 구조다. 노자는 세 글자로 만드는 문장에 능한 만큼 네 글자의 문장도 훌륭하다. 45장을 보자. "대성약결, 대영약충, 대직약굴, 대교약졸, 대변약눌."(大成若缺, 大盈若沖, 大直若屈, 大巧若拙, 大辯若訥. '위대한 성취는 모자란 것 같고, 위대한 채움은 빈 것 같으며, 위대한 곧음은 굽은 것 같고, 위대한 솜씨는 졸렬한 것 같고, 위대한 말솜씨는 더듬는 것 같다.') 대(大) 자와 약(若) 자를 써서 문장을 운용했지만 대(大) 자가 단순한 수식어가 아니라 너무 커서 인식의 범위를 벗어난다는 부정의 함의를 품었기에 문장의 묘미가 생긴다.

비유란 무엇인가

능숙한 언어 구사로 빼어난 시인이 될 수는 있다. 그러나 위대한 시인이 되기에는 부족하다. 노자의 진가가 발휘되는 곳은 비유다. 노자는 비유를 즐겨 쓴다. 흔히 비유를 수사법의 하나로 이해하는 경향이 농후한데 경계할 일이다. 중국의 고전을 읽을 때 비유를 만나게 되면 섬세하게 이해할 준비를 해야 한다. 레토릭(rhetoric)에서 말하는 좁은 의미의 테크닉으로 접근해서는 곤란하다.

서양에서도 비유를 깊이 고민한 사람이 있었다. 프랑스 상징주의의 위대한 시인 말라르메(Stéphane Mallarmé)는 시에서 비유를 회피한다고 했다. 이유는 비유에 쓰이는 이미지가 너무 강해 원관념을 해친다는 통찰 때문이었다.

예를 들어 보자. 김동명의 유명한 시 「내 마음은 호수요」에는 이런 구절이 보인다. "내 마음은 호수요/ 그대 노 저어 오오" 문학 교과서에서는 이 구절을 이렇게 설명한다. 내 마음=호수. 비유에는 은유와 직유가 있는데 여기서는 은유를 쓴 비유다. 문학의 비유법은 내 마음이라는 원관념에 호수라는 보조관념을 도입해 원관념을 시각화하거나 감각화해 일반 사람이 막연하게 느끼는 것을 확실하게 감지하게 해준다. 또 원관념과 보조관념의 상관관계가 멀어 의외성이 클 때 비유의 힘도 세져서 예기치 않은 큰 효과를 발휘한다, 라고.

틀린 말은 아니다. 문학 교과서라서 뻔할 수 있지만, 쓸모있는 설명이다. 하지만 이런 정형화된 설명은 비유를 비유법이라는 문장 테크닉에 고정시켜 비유에 대한 이해를 제한한다. 다르게 사고하는 방법을 배제하면서. 문학이야말로 다르게 사고하기가 핵심인데 말이다. "내 마음은 호수"라는 말은 시인이 다르게 생각했기 때문에 가능한 표현이다. "내 마음은 돌이 아니다"[我心匪石]라는 말은 『시경』에 등장하는 오래된 표현이다. 이 말을 보면 비유는 인류가 노래를 부르기 시작하면서 으레 연상했던 자연스런 발상이 아니었을까 추측하게 된다. 일단 내 마음이 돌이라는 구체적인 사물로 바꿔 표현하는 길이 열리면 '돌'이라는 구체적 사물은 그 어떤 사물로도 대치가 가능해진다. 인용한 김동명의 시는 '돌'이 '호수'로 대치됐던 것. 거울로도, 하늘로도, 꽃으로도, 낙엽으로도 마음은 무엇으로도 변할 수 있다. 그게 비유다.

단 보조관념이 끼어들 땐 보조관념의 성격을 그대로 안고 들어오기에 원관념의 성질과 충돌할 때의 파괴성을 고려해야 한다. 돌이라고 할 때는 돌의 구르는 성질을 끌고 왔기 때문에 『시경』의 이름 없는 시인은 내 마음은 돌처럼 쉽게 변하지 않는다고 말한 것이다. 호수로 마음이 변한 것은 그대를 받아들일 넉넉하고 맑은 마음임을 전한다. 이때에도 보조관념으로 쓰이는 사물은 자연물이라고는 하나 순수한 자연물이 없다는 데 주의할 필요가 있다. 돌이든, 호수이든 특정 나라 혹은 문화권에서 쓰이는, 쓰여 왔던 문화적·역사적 이미지와 개념이 깊이 담겨 있기 때문에 동원된 말이 무작정 독자의 심정에 파고들리라 예상하는 건 순진한 생각이다.

예컨대 미당 서정주의 유명한 시 「국화 옆에서」는 고난을 겪고 완성에 이르는 은유로 국화를 사용했기에 빼어난 시로 회자된다. 그런데 국화라는 말에는 그 말에 배어 있는 동양 특유의 이미지가 작용했기에 시 읽기가 가능했다는 사실을 놓쳐서는 안 된다. 사군자로 통칭되는, 오랜 역사 동안 축적되고 내면화된 국화 특유의 문화적 이미지 말이다. 동양인에게는 너무도 자연스럽게 기억되고 정서가 되어 문화적 이미지인지조차 인지가 안 되는 말이다. 몸에 배어 있는 이미지가 시에 스며 있기에 「국화 옆에서」를 읽을 때 독해가 쉬워지고 의미가 깊어지며 친근감을 느끼는 것이다. 시가 깊이 새겨진 독자들의 정서와 기억(집단무의식?)을 건드렸다고 말해도 좋을 것이다. 독자들의 잠재력에 빚지고 있다고 말해야 할까. 거꾸로 말하면 시인은 국화라는 이미지를 써야지, 라고 의식적으로 이미지를 골라서 가져오지 않고 자신도 모르게 썼기에 오히려 호소력을 발휘했다고 해야 할 것이다.

그런데 이 국화가 국경을 넘어가면 어떨까. 「국화 옆에서」가 프랑스어로 번역됐을 때 프랑스 사람들의 반응은 우리네의 것과 사뭇 달랐다. 그들은 한국의 명시로 알려진 작품을 이해하는 데 난점이 있었다. 우리에게는 있는 국화의 이미지가 프랑스 사람들에게는 없었던 것. 그들에게 국화는 그저 장례식에 쓰이는 의례적 꽃에 불과했던 것. 그들의 국화는 우리의 국화와 문화적 이미지가 완전히 달랐다. 미당의 시를 이해하는 데 필요한 국화의 배경 이미지가 결핍되자 시는 감상하기 까다로운 작품이 되고 말았다. 시의 보편성을 이야기하지만 어떤 면에서 시야말로 한 나라의 가장 정교한 문화적·역사적 응집물이기 때문에 수용이 어려운 것이다. 바꿔 말하면 특정 시가 다른 곳에서 제대로 이해될 때 가장 높은 수준의 이해가 이뤄졌다고 할 수 있으리라.

그렇다면 말라르메가 비유를 회피한 이유를 이해할 수 있을 것 같다. 말라르메는 두 가지 점을 꿰뚫어 봤던 것. 첫째, 그는 보조관념이라는 새로운 이미지가 원관념을 풍성하게 해준다고 통상 상상하는 것과는 반대로 비유를 통해 들어온 보조 이미지가 원관념을 해친다고 생각했다. 곰곰이 따져보면 말라르메의 말은 정곡을 찌른 것이다. “내 마음은 호수”

에서 독자의 기억에 남는 것은 '마음'인가 '호수'인가. 호수 이미지 아닌가. '마음'이 생존할 수 있었던 것은 '호수'라는 구체적인 이미지 덕이었다. 하지만 '호수'라는 선명한 이미지만 남고 '마음'은 추상적이고 애매한 상태로 공중에 떠 있지 않은가. 마음을 지탱하기 위해 빌려온 말이 거꾸로 원래의 말을 잡아먹은 형국. 마음은 호수에 기댄 상태라 호수가 사라지면 마음은 쓰러져 버린다. 왜 이런 일이 벌어졌을까.

두번째로, 말라르메는 「국화 옆에서」에서 보았듯 이미지의 순수성을 믿지 않았다. 보편적으로 통용되는 이미지란 없다는 것이 말라르메의 통찰이다. 아름다운 비유라고 하지만 공허한 이미지의 연결일 가능성이 크다는 엄격함이 말라르메에겐 있었다. 인간의 현실을 초월한 이상세계의 구현을 목표로 한 상징주의 시인에게 이미지의 역사성과 문화적 의미는 현실의 더께 혹은 세상의 때(dirt)에 불과할 수밖에 없었다. 드높은 형이상학의 이상을 시를 통해 실천하려 했던 말라르메에게 시는 종교와 같았다. 그런 그였기에 세속의 때를 씻어내고 절대순수로 돌아가는 일이 필요했던 것. 비유 따위는 원관념을 해치고 부차적인 이미지 때가 덕지덕지 달라붙는 장식이었기에 용납하기 어려웠을 것이다.

물질로서의 언어

여기엔 또 한 가지 언어에 대한 근본적인 견해 차이가 있다. '언어란 무엇인가'라는 물음은 '인생이란 무엇인가'라는 의문처럼 거창하기 때문에 어리석은 질문일 수 있다. 그래도 일반적인 대답을 시도해 본다면 '의미를 가진 소통수단' 정도가 될 것이다. 또 일본인들의 언령론(言靈論)이라는 생각에서 볼 수 있듯이 언어란 신령스런 기운을 간직한 '고귀한 어떤 것'이라는 대답도 가능할 것이다. 요컨대 언어는 의미를 가졌으며, 나아가 신령스런 기운이 깃들 수 있는 고상한 이미지를 둘렀다고 할 수 있다. 언어가 타락하고 상업화될수록 반발하는 힘도 크게 마련이어서 언어에 대한 고귀한 사고도 우람해진다.

언어가 고귀하다는 관념 속에 있을 때, '물질로서의 언어'라는 상징주의 시인들의 태도는 받아들이기 어려운 말일 것이다. 언어가 물질이라고? 우리는 보통 언어를 추상체로 받아들이기 쉬운데, 이런 전제에서는 언어가 종이나 레고블록 같은 물건이라는 주장은 이해하기 쉽지 않다. 그런데 이런 주장이 맞다 틀리다 따지는 것은 문제의 핵심이 아니다. 언어가 물질이라고 사고하면서 언어를 보는 새 장이 열렸다는 사실이 중요하다. 언어가 물질일 때 언어는 형태를 갖는다. 형태를 지니면 형태의 속성상 일정한 무게와 색깔과 소리를 실질적으로 소유하게 되고 내가 종이를 만지듯 내가 사랑하는 사람을 애무하듯 느끼고 감촉하게 된다. 언어가 새로운 차원으로 진입한다.

말라르메의 첫번째 통찰력은 정확히 언어를 물질로 보았기 때문에 가능했다. "내 마음은 호수"라는 말은 전혀 다른 종류의 두 언어를 결합한 것이다. 마음은 추상적이고 관념적인 말이다. 호수는 저기 바깥에 분명히 존재하는 객관적인 사물을 지칭한다. 관념적 추상을 구체적 사물에 얹은 꼴인데 구체적 사물이 시각적 이미지로 애매함(마음)을 보강해 준 것. 이런 의미에서 '호수라는 이미지의 강력한 환기력이 없이 마음은 설 곳이 없다'고 판단할 수 있는데 이는 반대로 마음이란 말의 애매함을 고스란히 드러낸다. 구체적 이미지 없이 관념어나 개념어로만 구성된 시가 얼마나 메마를지 상상해 보라. 문학적 비유라는 것은 본질적으로 이미지에 기대는 구조를 지닌다. 말라르메는 전혀 다른 두 언어의 결합, 언어의 불균형성을 문제 삼았던 것이다.

언어가 물질일 때 의존하는 일이 벌어질 가능성은 낮다. 마음은 독립해서 '마음'대로 자신만의 형태와 모양과 색깔과 냄새와 소리를 지니니까. 마음을 그렇게 구체화하는 것이 시인의 임무이기는 하지만. 언어가 물질이라는 생각을 받아들일 때 상징주의의 또 다른 시인 랭보(Arthur Rimbaud)의 「모음들」(Votelles, Vowels)이라는, “A는 검정, E는 하양, I는 빨강...”으로 시작하는 이상한 시를 이해하는 길이 열린다. 이 황당한 시는 모음을 소리로 보지 않고 소금이나 붉은 벽돌 같은 물질로 취급한다. 보통 사람에겐 기호나 글자이지만 물질로 보게 되자 물질이 가진 속성과 이미지가 따라온다. A라는 글자를 물질로 파악하자 시인의 눈과 감각기관에는 색채를 띤 어떤 것이 된 것이다. 언어가 물질이 된 순간 다른 묘사 표현이 가능해졌다. 강력한 주관성이다.

말이 길어졌다. 노자의 비유를 설명하기 위해서다. 위의 설명을 염두에 두고 본다면 노자의 비유는 어떤 성질의 것인가. 노자의 비유는 말라르메의 통찰과는 정반대의 것이다. 노자의 것은 중국고전을 읽을 때, 나아가 동양고전을 읽을 때 핵심이 되는 사안이자 서구의 것과 결을 달리한다. 그것은 『노자』의 첫 장에 나오는 언어의 임의성과 관련된다. 이 문제는 왕필의 주에서 이미 설명했기 때문에 재론하지 않겠다. 분명한 사실은 노자가 비유를 사용하면서 언어의 어떤 측면을 돌파해 글쓰기 방식에 새 경지를 개척했다는 사실이다. 이는 동양고전의 글쓰기에 한 전범이 되어 흔들리지 않는 전통이 된다. 지시대상과 언어의 엇갈림이라는 틈새로 비유를 집어

넣어 언어 표현을 확장시키면서 언어 게임/유희의 지평을 열었다. 이는 언어 자체에 대한 자각이기도 하며 의미에 묶이지 않는 언어의 출발이기도 하다. 동양고전의 글쓰기의 강점은 구체적이고 실질적인 것에서 추상을 이끌어내는 힘에 있다. 노자의 글쓰기(글쓰기 방식에서만 멈추는 것은 아니지만)도 언어의 환기력이라는 측면에서 이해해야 하며 이는 『손자병법』에서 명확해질 것이다.

노자와 손자

말이 나왔으니 앞서 언급한 것과 겹치지만 노자와 손자를 함께 거론하면서 좀 더 설명해 보자. 『노자』와 『손자병법』은 유사점이 적지 않다. 핵심은 두 가지다. 하나는 구체적인 것에서 추상적인 것이 나왔다는 것. 노자는 언어 사용이라는 구체적인 실천에서 언어의 불완전성을 인식하고, 그럼에도 언어를 밀고 나가는 작업을 수행했다. 불완전성에 대한 자각이 언어를 넘어서는 경지에 이르는 탁월함이 탄생했다. 손자는 군사행위라는 구체적인 행동을 실질적으로 사고하면서 중국 사고의 핵심을 이루는 유동성이라는 개념을 탄생시켰다. 두 가지 모두 구체에서 추상으로 발전한 것이다.

두번째, 노자와 손자는 자신들의 사고를 명확하게 표현하기 위해 비유를 사용한다. 단순 보조수단으로 비유를 빌려 쓰는 게 아니다. 자신들의 사상을 가장 정확한 언어로 표현하는 지점에 이르렀을 때 비유를 쓴다. 이 부분이 까다롭다. 클라이맥스에서 갑자기 튀어나오는 비유. 문학적 윤색이 아니라 핵심을 드러내는 방식이다. 비유는 그들의 사상을 이해하는 고갱이다. 비유를 놓치면 그들을 이해하지 못한다. 비유를 가볍게 보면 그들의 텍스트를 버리는 것이다.

손자에서 노자로 이어지는 사상의 경로를 그리는 학자, 사상가들이 있다. 나는 그들이 중국사고/동양적 사고의 어떤 핵을 건드린다고 생각한다. 앞서 얘기한 두 가지 유사점 때문이다. 두 가지는, 반복하건대 그리고 강조하건대 서양과는 다른 동양의 사고를 이해하는 데 필수이자 기본 토대다. 『손자병법』과 『노자』가 불멸의 고전으로 꼽히는 이유는 이 두 가지만으로도 충분하다. 이후에 등장하는 어떤 텍스트도 이 두 가지 궤도를 벗어나지 않고 뻗어 나가게 된다. 『손자병법』과 『노자』를 반드시 읽어야 하는 이유이기도 하다. 이 두 가지 유동성과 비유는 쉬워 보이는데도 어렵고, 간단한 듯하면서도 확실하게 손에 잡히지 않아 엉성하게 넘어가는 경향이 있다. 특히 서양철학이나 사회과학처럼 건축적으로 명확한 개념을 쌓아 가는 데 익숙한 사람들에게는 유동성이나 비유가 도무지 문학적으로만 보여 동양인의 사고가 엄밀하지 않다고 쉽게 단정하고 오해한다. 문학을 사회과학/철학과 별개의 영역으로 나누는 사고는 그렇다고 치자. 그러나 그들이 소중하게 여기는 개념이라는 틀 혹은 일정한 시각 자체가 역사적으로 형성된 시험적인 처방일 뿐이다. 역사성을 보편성으로 착각하면서 스스로를 객관화하지 못한다는 게 이상한 현상이다. 이 문제는 『손자병법』을 다룬 책*에서 상론하기로 하자.

* 최경열, 『독학자를 위한 손자병법 읽기』, 북튜브, 2023.

2장 _ 노자의 비유

『노자』에 집중해 노자의 비유를 자세히 들여다볼 차례가 되었다. 노자의 주요 비유는 다섯 가지다. 암컷[牝], 골짜기[谷], 물[水], 갓난아기[嬰], 통나무[樸].

암컷[牝]·골짜기[谷]

도의 모습을 보이다

암컷과 골짜기의 비유가 제일 먼저 보인다. 앞에서도 살펴보았던 6장 전체가 이를 다룬다.

> 골짜기의 신령스러움은 죽지 않는다. 이를 그윽한 암컷이라고 한다. 그윽한 암컷의 문, 이것을 천지의 뿌리라고 한다. 끝없이 이어져 실제 존재하는 것 같으며 아무리 생산해도

수고롭지 않다.

谷神不死, 是謂玄牝, 玄牝之門, 是謂天地根. 緜緜若存, 用之不勤.

골짜기[谷]와 암컷[牝]은 '비었다'는 이미지를 공유한다. 비었다[孔=空=虛]는 말은 생명력을 잉태한다는 이미지이기도 하다. 골짜기는 우뚝 솟은 봉우리와 반대되는, 낮고 비어 있고 물이 가득한 여성의 이미지다. 암컷이 쉽게 연상된다. 받아들이는 성질을 가졌으며 생명을 낳아 준다. 수동성으로 보이지만 연약하지만은 않다. 여성의 이미지에는 수동성이 잠재되어 있지만 표면적인 수동성일 뿐 자궁의 생명력을 지닌 강인한 안정성이다. 때문에 죽지 않는다고 했다. 노자는 골짜기는 죽지 않는다[谷不死]고 하지 않고 "골짜기의 신령스러움은 죽지 않는다"[谷神不死]고 해서 "신"(神)이라는 말을 덧붙였다. 도의 성질은 골짜기의 신령스러움과 같다는 말이다. 6장 전체에 숨은 주어가 도인 셈이다. 신(神)은 도의 신령한 활동성을 말하기도 하고 골짜기로 구체화했으나 형용하기 어려운 모습을 나타내기도 한다. 골짜기는 여성성[牝]과 같으나 단순 연상작용에서 그치지 않고 도를 암시하기 때문에 곡신(谷神)이라 하였다. 마찬가지로 여성성도 생물적인 여성성에 국한돼서는 안 되기에 '현'(玄) 자를 넣어 '현빈'(玄

牝)이란 말로 짝을 맞췄다. 그렇게 도를 설명해야 '천지의 뿌리'[天地根]라는 말이 온전해진다. 천지 작용이라는 현상이 아니라 천지 작용의 '근저'가 되는 도가 존재한다는 말이다.

추상화될까 근심스러웠던 노자는 "그윽한 암컷의 문"[玄牝之門]이라고 문(門)이라는 여성의 성기[陰門]와 맞닿은 여성성의 핵심 이미지를 써서 천지근(天地根)의 근(根), 즉 남성의 성기[陽根]를 의미하는 남성성의 말과 짝을 지어 줬다. 신(神)과 현(玄)이라는 가닥 잡기 어려운 관형어로 도를 비유한 곡(谷)과 빈(牝)을 설명했으니, 여성성[門]에 남성성[根]을 끌어와 생명을 잉태하고 낳는 여성을 구체화한 것이다. 무한한 생명을 낳는 여성의 이미지. 그것이 도(道)다. 그러나 그것은 실제한다고 오해받아서는 안 되기 때문에, 자연의 생명[天地]은 끝없이 이어지지만 자연의 생명력[道]은 눈에 보이는 여성이나 골짜기와 같은 실체가 아니기에 "존재하는 것**처럼** 보일 뿐"[若存]이라고 했다. 자연의 생명력은 고갈되지 않으며 수고롭게 일하지 않지만 어떤 물체인 것처럼 감각할 수 있는 게 아니고 그렇다고 없는 것도 아니라는 말이다.

동물성의 강조

노자는 남녀(男女)라는 말 대신 '암수[雌雄], 암컷[牝]·수컷[牡]'이라는 말을 쓴다. 괴이한 습관이다. 남녀라는 말에 담긴 인간 중심, 혹은 인간의 사회성, 문화적 분위기를 의식해서일까. 유가에서는 반드시 남녀라고 언급해서 동물성과 분명하게 선을 긋는다. 노자는 남녀라 쓰지 않고 동물성과 이어지는 말을 굳이 쓴다. 유가와 구별하기 위해서라고 볼 수 있을 것이다. 구별하는 의도가 뭘까. 아니 유가를 염두에 두지 않더라도 인간의 사회성이나 문화적 특별함을 모르지 않을 텐데 노자는 그보다 방향을 자연 쪽에 두고 있다.

노자는 인간의 사회성을 재고하게 한다. 인간이 사회성을 발달시키면서 동물과 구별되어 인간만이 특별하다고 '당연히' 생각하는 어떤 메커니즘을 들여다본다고 할까. 노자는 하늘이 우리에게 준 고유한 능력(신령스러움, 神)은 인간끼리 모여 살면서 발현되는 게 아니라 반대로 퇴화한다고 생각한다. 때문에 동물과 가까운 야생성, 혹은 자연성을 불러오기 위해 동물과 다르지 않은 암수라는 말을 쓰는 것 같다. 도의 자연성(nature)은 암컷의 생산력이라는 고유한 능력[自然]에 고스란히 담겨 있는데 그것은 동물과 다르다는 차별적인 인간관에서는 천연의 모습으로 드러나지 못한다는 말이기도 하다. 노자의 언어 사용은 이러하다.

장자가 노자의 언어 사용을 간파한 것 같다. 「덕충부」(德充符, '덕이 충만하다는 표시[符]')에 보면 애태타(哀駘它)라는 기인(奇人)이 나온다.

위나라에 추악하게 생긴 사람이 있습니다. 애태타라 합니다. 남자들이 그와 함께 있으면 그를 사모해서 그 곁을 떠나려 하지 않고 여자들이 그를 보면 부모에게 청해서, '다른 사람의 처가 되느니 차라리 그 분의 첩이 되겠어요'라는 사람이 열 명을 헤아렸는데도 그치지 않을 정도랍니다. [···] 또 그는 추악한 모습으로 천하를 놀라게 할 정도인데 남과 조화를 이루고 앞에 나서서 외치지 않으며 아는 것이라곤 자기 주변을 벗어나지 않습니다. 헌데 자웅이 그 앞에 모여듭니다. 이 사람은 필시 남과 다른 게 있는 겁니다.

衛有惡人焉, 曰哀駘它. 丈夫與之處者, 思而不能去也, 婦人見之, 請於父母曰 : "與爲人妻寧爲夫子妾"者, 十數而未止也. [···] 又以惡駭天下, 和而不唱, 知不出乎四域, 且而雌雄合乎前. 是必有異乎人者也.

노자와 관련해 "자웅이 그 앞에 모여듭니다"[雌雄合乎前]라는 말에 주목해 보자. 『장자』를 편집하고 주석을 단 곽상은 이 문장에 "재주가 완전한 사람은 어떠한 생물과 함께 있어도 해치지 않는다. 그러므로 동물 사이에 들어가도 그 무리를 어지럽히지 않으며 새들 사이에 있어도 그 행동을 어지럽게 하지 않아 만물과 함께 숲이 된다"[夫才全者與物無害, 故入獸不亂群, 入鳥不亂行, 而爲萬物之林藪]라고 해서 '자웅'을 금수라고 풀었다. 당나라 때 성현영(成玄英)은 곽상의 주석에 소(疏)를 붙여, “자웅은 금수를 말한다. […] 새와 짐승이 그 앞에 무리를 지어 모여든다”[雌雄, 禽獸之類也. 故鳥與獸且群聚於前也]라고 해서 곽상의 주를 옹호했다. 한편 청나라 때 왕선겸(王先謙)은 『장자집해』(莊子集解)에, 선영(宣穎)의 『남화경해』(南華經解)를 인용해, “여자와 남자 모두 그에게 와서 친해진다”[婦人丈夫皆來親之]라고 했다. 선영은 자웅을 앞 문장에 나왔던 남녀를 가리킨다고 본 것이다. 현대의 해석은 대체로 자웅을 남녀로 본다.

중요한 점은 장자가 자웅이라는 말을 썼다는 사실이고 이에 대해 주석가들 사이에 다른 의견이 보인다는 것이다. 곽상을 비롯한 옛 주석은 자연과 일치되는 도가적 인물의 덕성에 주목해 동물들과도 교감이 이루어진다는 예증으로 읽었다. 주석가들의 시비를 가리거나 누가 우월하다고 말하려는 게 아니다. 노장이라는 사상에 강조점을 주어 화제가 된 인물 애태타를 도드라지게 한 점에서 곽상의 주는 취할 점이 있으며, 문장의 흐름과 내용을 보아서 글을 설명할 때는 청나라 주석가들의 해석도 참고할 만하다. 자웅이란 말은 남녀를 가리키면서 짐승도 가리킬 수 있다. 그 함의를 가질 수 있도록 한 것은 노자였고 장자는 그 용례를 더 풍부하게 했다. 자웅이라는 비유나 쓰임새가 중의적이라 애매한 게 아니라 중의적이기에 읽기의 층위가 더 두터워졌다. 『노자』에서 시작된 비유가 『장자』에서 더 정교해진 것이다.

물의 이미지

낮은 곳을 향하다

여성의 생물적 이미지만으로는 도에 대한 설명이 충분치 않다. 다른 비유를 보자. 앞에서 골짜기와 암컷을 말했으므로 이 두 이미지가 공유하는 핵심적인 비유가 등장한다. 그것은 물이다. 골짜기와 여성과 물은 생명을 상징하는 것으로 하나가 될 수 있다. 유명한 8장을 보자.

> 가장 좋은 것은 물과 같다. 물은 만물을 이롭게 하길 잘하면서 다투지 않고, 뭇사람들이 싫어하는 곳에 처한다. 그렇기에 도에 가깝다.
>
> 上善若水. 水善利萬物而不爭, 處衆人之所惡. 故幾於道.

'도이다'라 하지 않고 "도에 가깝다"[幾於道]고 했으니 "존재하는 것처럼 보일 뿐"[若存]이라는 말과 같은 방식이다. 물은 도가 아니다, 도를 물의 성질에 가깝다고 에둘러 말할 뿐.

물의 성질은 낮은 곳으로 흐른다는 것. 여성의 물이 생명과 관계있는 것처럼 생명은 물이 없으면 존재할 수 없다. 가장 고귀한 일을 하되 가장 낮은 곳으로 향하는 물. 세상의 여성과 다르지 않다. 만물을 이롭게 하건만 모두 싫어하는 낮은 곳에 처한다. 누구든 상류(사회)에 머물려 하지 하류(사회)로 흐르려 하겠는가. 낮은 곳을 겸허라고 풀이하면 하류라는 말에 격조가 생길 수 있을까. 물이 낮은 곳으로 향하는 것을 노자는 다투지 않기[不爭] 때문이라고 했다. 경쟁력이 삶의 기준이 되고 경쟁이 내면화된 사회에서 다투지 않고 낮은 곳으로 향하는 자세라니.

"뭇사람들이 싫어하는 곳에 처한다"[處衆人之所惡]는 말은 따로 겨냥하는 곳이 있다. 『논어』「자장」(子張)에, "자공이 말했다. '주(紂)의 불선(不善)이 이렇게까지 심하지는 않았을 것이다. 이 때문에 군자는 하류에 있기를 싫어한다. 천하의 악이 모두 이곳에 모이기 때문이다'"[子貢曰 : 紂之不善, 不如是之甚也. 是以君子惡居下流. 天下之惡皆歸焉]라는 글이 보인다. 자공이 천하 악행의 대명사 주(紂, 이름만 부르는 것은 경멸의 표시다)를 변호하려 한 말이 아니다. 누군가 악인으로 낙인찍히면 그에게 죄다 잘못과 악행을 쏟아붓는 인간 심리의 어떤 면을 간파한 발언이다. 틀린 말은 아니다. 세상살이에는 자공의 말이 호소력 있고 마음에 와닿지 않을까. 자공다운 현실적인 말이지만 인간성을 통찰했기에 기억할 만하다.

이에 견주면 노자의 말은 얼마나 당위에 가까운가. 사람의 세상살이에서 유리적 당위보다 처세적 지침이 힘이 세지 않은가. 그걸 모를 리 없건만 노자는 윤리적 당위를 앞세운다. 그 힘 좋은 처세술을 헤치고 낮은 곳에 처하길 싫어하는 인간의 본성을 거스르면서. 도라는 궁극 목표를 상정하기에 처세 따위 하잘것없다고 말할 수 있다. 그러나 노자는 윤리적 당위를 손쉽게 던진 게 아니다. 노자는 물의 성질에 집중한다. 물이 낮은 곳으로 향하는 것에서 부쟁(不爭)을 끄집어내고 '뭇사람들이 싫어하는 곳에 처한다'고 말하면서 인간 행동 전반으로 확대한다. 다투지 않는 물의 성질과 다투는 인간사가 한 문장 안에 비유로 담겼다. 이 충돌을 노자는 어떻게 해소할까. 그리고 이어지는 다음 문장에서 내리는 결론, "다투지 않는다, 그렇기에 허물이 없다"[夫唯不爭, 故無尤]. 노자는 물을 빌려 다투지 않는 도의 성질을 말한다. 다툼은 처세로 읽으면 인간관계의 마찰이기도 하고 당시 국가 관계를 염두에 두면 나라 사이의 쟁투이기도 하다. 그러나 도는 처세나 국가 사이의 쟁투 같은 현실[형이하학]이 아니라 그것을 끌어안고 고원한 것을 지향하는 형이상학이다. 노자의 형이상학은 현실에 관심을 두라는 것(interested)도 아니고 관심을 두지 말라는 것(uninterested)도 아니다. 노자는 관심을 초월해서 사심을 두지 말라(disinterested)고 말한다. 노자의 형이상학이 이래서 어려우며 까다롭고 깊이 생각해야 다가갈 수 있는 언명이기도 하다.

또 다르게 접근할 수도 있다. 많은 사람들이 도를 철학의 대상으로, 형이상학적인 체계로 얘기하길 즐기기 때문에 현실과 분리시키는 독법은 어색하지 않은 대응이다. 그럼에도 노자를 한 시대가 탄생시킨 사고체계라는 역사성을 수용한 관점에서 본다면 다르게 볼 여지도 있지 않을까. 가령 8장의 숨은 주어를 인간 일반으로 보지 않고 임금으로 보는 건 어떨까. '상선약수'와 같은 도를 실천하는 주체로서 임금을 그려 보는 것이다. 통치술과 관련성이 생기면서 물의 이미지가 현실성을 띤다. 이 현실성도 손쉬운 해결책을 준다는 의미가 아님은 말할 것도 없다. 노자를 현실적으로 읽고 어떤 방책으로 쓰고자 할 때 법가가 등장하고 이때 노자는 무위(無爲)에서 유위(有爲)로 옮겨 간다.

부드러운 것이 강한 것을 이긴다

78장에 유사한 진술이 보인다.

> 천하에 물보다 유약한 것은 없으나 굳세고 강한 것을 공격하는 데 물을 이길 것은 없다. 물은 아무것도 대신할 수 없

다. 약한 것이 강한 것을 이기고, 부드러운 것이 굳센 것을 이기는 것을 천하에 모르는 이가 없건만 행하지를 않는다. 이 때문에 성인은 말했다. "나라의 더러움을 받아들이는 사람을 사직의 주인이라 이르며, 나라의 상서롭지 못한 것을 받아들이는 사람이 천하의 주인이 된다." 바른말은 거꾸로 된 것 같다.

天下莫柔弱於水, 而攻堅强者莫之能勝, 以其無以易之. 弱之勝强, 柔之勝剛, 天下莫不知, 莫能行. 是以聖人云, 受國之垢, 是謂社稷主, 受國不祥, 是爲天下王. 正言若反.

여기엔 설명이 필요치 않을 것 같다. 물의 비유에 유약(柔弱)이라는 성질이 더 추가되고 강함[堅强]을 이기는 예를 들면서 8장의 말을 강화한다. 낮은 곳으로 향하는 물은 강함을 이기는 유약함을 갖추었기에 자공의 비유와는 차원이 다르다. 자공은 하류의 저수지스러운, 온갖 쓰레기가 모이는 장소를 떠올렸으나 노자는 거기서 모든 걸 포용하는 너른 품새를 헤아렸다.

논리를 비약해 보자. 높은 봉우리를 지향하고 널리 공덕을 베풀되 상응하는 대가를 당연히 여기는 공자 제자 세대의 유가가 한편에 있고, 봉우리가 아니라 골짜기를 사랑하고 물처럼 널리 공덕을 베풀어 생명을 낳고 기르되 공덕을 숨기고

대가를 바라지 않으며 아래로 향해 가서 온갖 쓰레기까지 끌어안는, 강함을 이기나 유약을 간직한 물의 노자가 다른 한편에 있다. 또한 물은 78장처럼 주체가 임금으로 명시될 경우 정치철학으로 이동한다. "굳세고 강한 것을 공격하는 데 물을 이길 것은 없다"[攻堅强者莫之能勝]는 말은 당시 전쟁에서 쓰였던 수공(水攻)의 실례를 가져온 말이기에 비유는 강한 현실적 환기력을 갖는다. 물은 일상적인 만큼 현실성이 강한 존재이다.

43장에서는 "천하에 지극히 부드러운 것이 천하에 지극히 강한 것을 휘몰고 간다. 아무것도 있지 아니한 것이 틈이 없는 곳에 들어간다"[天下之至柔, 馳騁天下之至堅, 無有入無間]라고도 했다. 지극히 부드러운 것[至柔]은 물을 비유하고 지극히 강한 것[至堅]은 돌을 가리킨다. 장마철에 집채만 한 바위가 물에 떠밀려 가는 것을 생각해 보면 쉽게 이해할 수 있는 말이다. 아무것도 있지 아니한 것[無有]은 공기 혹은 기(氣)라는 물질을 생각할 수 있다. 도는 물처럼 공기처럼 도처에 있다고 한 걸음만 더 나아가면 선언할 수 있건만 노자는 거기까지 나가는 어리석은 짓은 하지 않는다. 넉넉히 감지한 것을 되풀이할 필요는 없다. 여기서는 추상성이 강하다.

거기서 그치지 않는다. 하류라는 말은 여성성과도 결부된다. 61장을 보자.

> 큰 나라는 하류다. 천하의 모든 것이 모이며 천하의 암컷이다. 암컷은 늘 고요함으로 수컷을 이기고 고요함으로 아래에 자리한다.
>
> 大國者下流. 天下之交, 天下之牝. 牝常以靜勝牡, 以靜爲下.

요즘 말로 하면 국제정치에서 대국과 소국의 관계를 말하는 부분이지만 그 주제는 건너뛰기로 하자. 우리의 주제는 여성성의 비유이니까. 61장에서 여성성은 고요함[靜]이라는 성질로 설명되면서 포용성을 갖는다. 물과 여성성은 뗄 수 없는 관계임이 여기서 명백해진다. 노자의 비유는 골짜기에서 여성으로 물로 이어지고 낮은 것에서 유약으로 포용성으로 확대되지만 빌려오는 비유물의 성질을 잃지 않는다. 비유의 지향점은 처세로도 읽을 수 있고 정치철학으로도 수용되며 형이상학으로도 해석할 수 있다. 그럼에도 도(道)라는 핵심에서 벗어나지 않는다. 노자의 비유는 강력하다. 비유는 물처럼 공기처럼 곳곳에 스며든다.

"바른말은 거꾸로 된 것 같다"[正言若反]는 말은 앞에서 한 말을 네 글자로 요약한 말이다. 그럼에도 정리하는 말로 그치지 않는다. 소박하게 해석해서 유약함이 강함을 이긴다는 말을 가리키는 정의로 봐도 무방하다. 더 멀게는 도를 비유하는 자신의 언술을 가리킨다고 해석해도 크게 틀리지는 않을 것이다. 도를 비유하고 가리키는 올바른 말이지만 얼마나 세상 사람들의 선입견이나 인식과 반대되는가. 도를 우람하게 설명하고 거창하게 풀어놓는 것과 얼마나 상반되는가. 노자의 비유를 되풀이하면 이렇다. 골짜기와 여성과 물을 가져온 비유는 깊고 낮고 유약하고 비었고[虛] 다투지 않고 양보하며 너르게 품는다.

물에 대한 고대의 사유

물의 비유는 다른 면에서 고찰할 필요가 있다. 『노자』만 물을 특화해서 쓴 게 아니기 때문이다. 물은 춘추전국시대 문헌 곳곳에 보인다. 『손자병법』에도 물은 존재를 드러내며 『논어』에도 물은 빈번하게 나타난다. 『맹자』에서도 물은 빠지지 않고 언급되고 『장자』에서는 물을 독립적으로 다룬 「추수」(秋水)라는 편이 따로 존재한다. 『순자』에도 "지자요수"(知者樂水)라는 『논어』의 말을 설명하는 개별 논문이 실려 있다. 『관자』(管子)에 이르면 「지수」(地水) 편에서 생명과 관련해 물에 대한 종합적인 설명을 시도한다. 그렇다고 언급한 책들이(『논어』도 한나라 때 편집됐다는 점을 염두에 두면) 모두 『노자』 후대에 성립된 문헌들이라 『노자』의 영향권 아래 있다고 보아서는 곤란하다. 『노자』와 동시대 혹은 이전 시기에 물에 대해 깊이 사유한 흔적이 보이기 때문이다.

『노자』의 다른 판본이 발견된 곽점에서 『노자』 고본과 함께 현재 「태일생수」(太一生水)라고 명명된 죽간 14쪽이 발견됐다. 이 희한한 문서는 이렇게 시작한다. "태일은 물을 낳는다. 태어난 물은 다시 태일을 돕는다. 이 때문에 하늘을 이룬다. 하늘은 다시 태일을 돕는다. 이 때문에 땅을 이룬다"[太一生水, 水反輔太一, 是以成天. 天反輔太一, 是以成地]. 이 글은 분명 태일(太一)이라는, 도(道)라고 칭할 수 있는 궁극의 힘 혹은 원천, 원리를 언급하면서 우주 탄생을 말한다. 물은 이때 태일을 원리로 천지를 낳는, 천지 이전의 상위개념으로 언급된다.

이 글이 중요한 까닭은 물에 대한 노자의 사유가 독특하다는 사실을 재고하게 한다는 점이다. 물에 대한 사유가 독창적이 아니라 해서 『노자』의 가치가 떨어지지 않는다. 사상이 꼭 독창적일 필요는 없다. 동시대의 가장 중요한 사고를 기록한다는 점으로도 사상은 가치가 충분하다. 앞서 나열한 책들 역시 「태일생수」라고 했던, 물에 대해 깊이 사유했던 계열의 사고에 은연중에 동의했다고 추정할 수 있다. 이 말은 「태일생수」를 독창적이고 위대한 사유의 원천이라고 하는 게 아니다. 물에 대한 사고는 지극히 당연한 관심에서 출발할 수 있다. 생명의 근원으로서 누구든 물에 대해 사유할 수 있다. 여기서 두 가지가 중요하다. 첫째, 곽점에서 발견된 이른 시기의 죽간에 고차원적인 물의 사유가 뚜렷한 흔적을 남겼다는 사실을 환기할 때 물에 대한 생각이 연원이 오래됐으므로 누구의 배타적인 소유로 인지되어서는 안 된다는 사실이다. 둘째, 여러 책에서 보듯 고대인들의 사유에 두루 물의 이미지와 비유가 보이면서 단순 비유에 머물지 않고 근원적인 사고 차원에까지 미쳤기 때문에 물의 비유는 수사학 차원에 그치지 않는다는 점이 명확하다는 점이다.

물에 대한 사유는 따로 책을 쓸 수 있을 만큼 포괄적이고 근원적이다. 이런 이유를 통찰했기 때문에 노자는 물에 대한 사유를 깊고 넓게 쓸 수 있었다. 다른 학파 혹은 사유방식과 접점이 크고 광범위했기 때문에 역설적으로 사유가 자신만의 색채를 가질 수 있었다고 할 수 있을까.

갓난아기

부드럽고 연약하다 했으니 우리의 연상은 갓난아기의 비유로 매끄럽게 넘어갈 수 있게 되었다. 갓난아기의 비유가 처음 나오는 곳은 10장이다.

혼백을 싣고 하나로 끌어안으면서 떠나지 않을 수 있겠는

가. 기를 오로지하고 부드러움을 이루어 갓난아기처럼 될 수 있겠는가.

載營魄抱一, 能無離乎. 專氣致柔, 能嬰兒乎.

10장은 모두 6문장으로 각 문장이 4자+4자로 이루어졌는데 지금 인용한 첫 구절만 5자+4자로 씌었다. 포일(抱一) 사상으로 알려진 구절로 유명한데 여기에 '영백'(營魄)이란 낯선 글자를 가져왔다. 이 '영백'이란 단어부터 시작해 보자.

영백, 정신과 육체

굴원의 『초사』(楚辭) 「원유」(遠遊)에, "혼백[營魄]을 싣고 아침 노을로 날아올라"[載營魄而登霞兮]라는 구절이 보이는데 한(漢)나라의 왕일(王逸)은 『노자』의 어구 '재영백'(載營魄)을 가져다 쓴 게 분명한 이 구절에 주석을 붙여, "내 영혼을 끌어안고 하늘로 올라간다"[抱我靈魂而上升也]라고 했다. 영백을 영혼이라고 보았다. 굴원의 경우 초나라에서 내침을 당하고 호소할 곳이 없으니 드높은 정신세계를 천상에 부쳤다고 해석하면 문맥상 영백을 영혼으로 본다 해도 이상하지 않다.

하상공은 영백이란 말을 "혼백"(魂魄)이라고 설명했다. 하상공의 경우 양생술(養生術)의 관점에서 혼백으로 풀어 인간의 정신과 육체를 아우르는 말로 보았다. 영(營)을 혼(魂)으로 본 것이다. 영백=혼백. 하상공 주는 동양의 전통적인 사고 방식을 반영한다. 동양(고대 중국)에서는 사람을 혼과 백으로 이루어진 존재로 보았다. 혼은 정신성에 해당하고 백은 육체에 좀더 관여한다. 이 둘은 편의적 설명일 뿐이지, 둘이 분리되거나 나누어지지 않는다. 이 점이 중요하다. 이 둘은 죽으면 혼은 하늘로, 백은 흙으로 돌아가지만 이 둘은 기(氣)로 연결된다. 기(氣)는 물질적이기도 하면서 눈에 보이지 않는 존재여서 정신성과도 연결된다. 맹자도, "의지[志, 정신성]가 전일(專一)하면 기를 움직이게 하지만, 기가 전일하면 의지를 움직인다"[志壹則動氣, 氣壹則動志也]라고 했는데 육체와 정신 양쪽에 관여하는 기의 독특한 성질을 잘 이해했기 때문이다. 노자도 "영백"이란 말을 하고 뒤의 문장에서 '기를 오로지하다'[專氣]라고 한 것도 이와 관련된다. 굴원이 정신성(영혼)에 더 강조점을 두었다면, 하상공은 정신성[魂]에 육체 활동까지 덧붙여 좀 더 포괄적으로 해석했다고 하겠다.

『노자』의 이 구절은 기와 연결되어 후대 양생술과 관련되는 만큼 하상공 주는 설득력이 있다. 『노자』의 경우 관념성이 강한 정신주의 경향을 회피하는 철학이므로 심신을 함께 배려하는 사상으로 읽을 때 혼백으로 보는 해석은 온당해 보인다. 문제는 노자가 용례가 드문 말을 가져와 쓴다는 점이다. 노자가 영백이란 말을 했기 때문에 이 말이 어휘로서 성립된 것이지 『노자』라는 책에서 쓰지 않았다면 보기 어렵지 않았을까. 낯선 말이다.

왕필은 주석에서, “재(載)는 처한다는 말이다. 영백(營魄)은 사람들이 항상 거처하는 곳이다. 일(一)은 인간의 참됨이다. 사람이 늘 사는 곳에 머물며 인간의 참됨을 끌어안고 맑은 신령스러움을 항상 떠나지 않을 수 있겠는가. 그러면 만물이 저절로 (주인인) 자신에게 손님으로 따른다는 말이다”[載, 猶處也. 營魄, 人之常居處也, 一, 人之眞也. 言人能處常居之宅, 抱一淸神, 能常無離乎, 則萬物自賓也]라고 했다. 왕필은 영백을 “인지상거처”(人之常居處)라고 넓게 해석했다. 왕필에게는 포일(抱一)이 더 중요했기 때문에 영백에 대해서는 큰 관심을 기울이지 않은 것 같다. 왕필은 포일하고 그에 따라 청신(淸神)을 유지하면서 이 상태에서 떠나지 않아야 외물(外物)에 휘둘리지 않는다고 본 것이다. 왕필이 본 영백은 인간이 태어나면서 하늘에서 받아 살아야 하는 것으로 이해해도 크게 어긋나지 않을 것 같다.

이런 우회로를 거쳐서 다음 구절을 읽으면 갓난아기의 비유가 선명하게 보인다. 앞 구절이 신체성이 깃든 정신성에 악센트를 두었다면 이어지는 구절은 “전기치유”(專氣致柔)라는 말을 써서 육체성을 강조하는 말로 변화시킨다. 바로 앞 구절 “능무리호”(能無離乎)에는 ‘떠난다’[離]라는 표현이 쓰였다. '떠나지 말아야 한다'는 수사적 강조문인데 추상적인 말로 육체성이든 정신성이든 인간은 의식이나 지식 따위로 분리된 사고를 해서는 안 된다[抱一]고 메시지를 전하는 것 같다. 갓난아기의 비유가 이 뜻을 강력하게 말한다. 갓난아기의 특징을 "전기치유"(專氣致柔)라고 했다. 갓난아기의 부드러움이야 말할 것도 없다. 그런데 기(氣)를 오로지 집중한다고 했다. 갓난아기가 젖을 먹을 때 온통 집중하는 모습에서 영감을 받은 것일까. 온갖 세상사에 흐트러진 정신을 갓난아기의 온전한 집중력과 비교하려는 것일까. 아기의 그 앙증맞은 손을 잡아 보라. 갓난아기가 꼭 잡고 놓지 않는 그 집중된 힘. 노자는 그 오롯한 힘을 "전기"(專氣)라고 한 것 같다. 그것은 신체성에 기반한 말이지만 기(氣)라는 말을 통해 육체성뿐만 아니라 정신까지 아우른다.

갓난아기, 최상의 조화

55장에서 갓난아기의 비유는 더 구체화된다.

> 덕을 머금은 도타움은 갓난아기에 비유할 수 있다. 매미나 전갈, 뱀도 쏘지 않고 맹수도 물지 않으며 매서운 새도 채가지 않는다. 뼈는 약하고 근육은 부드러우나 쥐는 힘은 강하다. 남녀의 육체적인 결합을 알지 못하는데도 성기가 온전

하게 발기한다. 정기가 완벽하다. 종일 울어도 목이 쉬지 않으니 조화가 완벽하다. 조화를 아는 것이 항상됨이며 항상됨을 아는 것이 총명함이다. 더 살려는 것을 요상함이라 하며 마음이 기운을 부리는 것을 강하다고 한다. 만물은 장성하면 늙는다. 이것을 도답지 않다고 하며 도답지 않으면 일찍 끝난다.

含德之厚, 比於赤子. 蜂蠆虺蛇不螫, 猛獸不據, 攫鳥不搏. 骨弱筋柔而握固, 未知牝牡之合而全作, 精之至也. 終日號而不嗄, 和之至也. 知和曰常, 知常曰明, 益生曰祥, 心使氣曰强. 物壯則老, 謂之不道, 不道早已.

앞에서도 인용한 바 있는 이 글은 갓난아기에 대한 찬가로 읽을 수 있다. 찬가에 그치지 않는다. 비유의 초점이 갓난아기에서 조화로운 삶이라는 인생 테마로 모였다가 동심원처럼 해석이 퍼져 나가 의미의 그물망을 만든다. "매미나 전갈, 뱀도 쏘지 않고 맹수도 물지 않으며 매서운 새도 채가지 않는다"는 말은 온전한 덕을 설명한 말로, 인간을 교화시킨다는 유가의 말과 대비되어 자연물에까지 영향을 미친다고 한 점에서 차이를 느낄 수 있다. 갓난아기는 하늘이 준 고유한 성질을 고스란히 지니고 있다[含德之厚]는 데서 더 나아간다. 갓난아기는 정기(精氣)라는 생명력의 근원도 최상이다. 노자는 이것을 "남녀의 육체적인 결합을 알지 못하는데도 온전하게 발기한다"[未知牝牡之合而全作]고 썼다. 싱싱한 비유다.

덕과 정기를 말한 노자는 과감하게 논리를 확장해 종일 울어도 목이 쉬지 않는 갓난아기의 능력(?)을 가져와 조화의 최고경지[和之至]라고 칭한다. 왜 아니겠는가. 육체성과 정신성이 최상의 상태에서 하나가 되었으니 어찌 완벽한 조화가 아닐까. 노자가 계곡과 물의 비유를 여성성[牝]으로 표현했을 때 이 비유에는 성숙한 여자의 성기와 자궁이라는 이미지가 짙게 배어 있다. 그 여성의 몸에서 난 갓난아기가 왜 완전한 조화의 상태가 아니겠는가. 그런 조화의 상태를 아는 것, 그것이 항상됨[常, 일상성]이며 항상됨을 알 때 비로소 총명한 것[明]이다.

이런 상태를 벗어나 인위적으로 삶을 더할 때 그것은 요상한 일[祥]일 수밖에. 갓난아기 같은 최상의 조화에 무엇을 덧붙이겠는가. 더 살겠다고 이상한 약을 먹고 기이한 행동을 하는 것은 얼마나 헛된 일인가. 마음을 쓴다는 의식 없이 기를 다스릴 줄 알아야 진정 강한 것[强]이다. 사물이란, 생명이란 장성하기 마련이나 장성하면 늙는 것[老]도 필연. 이것은 도답지 않은 것[不道]이며 제 길을 가는 것이 아니다[不道]. 노(老)는 갓난아기[赤子]와 상반되는 말이다. 장성[壯]도 갓난아기에서 멀어지는 길이다. 도가 계열의 사람을 그린 그림을 보면 나이가 많은데도 남자 여자 성 구별 없이 모두 어린아이 같은 모습으로 묘사하는데, 그 이유를 이 글은 설명해 준다.

노자가 갓난아기를 불러온 것은 보조관념이 아니다. 글 전체를 꿰는 눈[眼字]이다. 갓난아기 비유가 빠지면 글에 생기가 사라진다. 비유는 문장의 활기라는 수사적 기능을 훌쩍 뛰어넘는다. 유가는 어린아이의 상태를 높게 평가하지만(맹자의 경우) 아직 덜 성숙한 어른으로 계몽과 교육의 대상이다. 도가에서는 삶의 에너지와 정수가 고스란히 담긴 상징으로 구현되었다. 배우지 않아도 배운 사람을 뛰어넘는 완전함은 『논어』에서도 '달항당인'으로 구체화되고 한나라 화상석에서 노자와 노자를 찾아온 공자 사이에 어린아이가 끼어 있는 그림도 이런 이미지가 나타난 예시들이다. 통달한 인간으로 형상화된 어린아이는 중국 문화의 한 틀이기도 하다.

비유의 다채로움

"절학무우"(絶學無憂, 배움을 끊어라, 근심이 없어질 것이다)라는 유명한 말로 시작하는 20장에서도 갓난아기의 비유가 등장한다. "나 홀로 담담해 아무 조짐도 드러나지 않으니 갓난아기가 웃을 줄 모르는 것과 같다"[我獨泊兮其未兆, 如嬰兒之未孩]. 『노자』 제20장은 학(學)에 대한 비판으로 읽는다. 『논어』의 첫 글자가 학(學)이고 이 글자의 큰 지배력이 중국 역사를 관통한 것을 생각해 보면 노자의 용기가 대단해 보인다. 학(學)에 대한 세상의 관심 때문에, 더구나 노자 시대에 사(士) 계층이 움트면서 학(學)과 지식이 확산되는 광경을 상상해 보면 노자의 경고는 지나치게 예언적일 수 있다. 노자도 그 위험과 세태에 거스르는 괴로움을 알아 이 장에는 '나 홀로'[我獨]라는 구절이 자주 보인다. 그럼에도 노자는 자신의 깨달음을 속에 품은 채 드러내지 말라고, 남들이 반대되는 생활을 해도, 남들을 따르지 않을 수 없지만 자신만의 고독과 괴로움을 지키라고 권한다.

이때 등장하는 비유가 갓난아기[嬰兒]다. 20장의 갓난아기는 이전의 비유와 완전히 결이 다르다. 아무것도 드러내지 않고 반응을 보이지 않는 상태를 갓난아기에 견주었다. 까다로운 비유다. 자신이 아무 조짐도 드러내지 않는 것이 웃을 줄 모르는 갓난아기 같다고 말한다. 갓난아기는 좋은 비유이므로 한탄하는 표현으로 읽으면 안 된다. 노자는 잠재태로서, 가능성으로서 말하지만 세상과 다른 삶의 고단함을 의식하지 않으려면 갓난아기와 같은 상태여야 한다. 의식하지 않음이 갓난아기의 놀라운 특성이다. 드러내지 않고 자의식을 내세우지 않으니 자신을 드러내게 만들며 자의식이 강하게 만드는 지식을 회피할 수 있다.

20장의 결론은 이렇다. "나 홀로 남과 달라, 만물을 먹여 살리는 어머니를 귀하게 여긴다"[我獨異於人, 而貴食母]. "사모"(食母)는 삶의 뿌리[生之本, 왕필의 해석]이므로 도(道)로 바꿔 읽어도 틀리지 않을 것이다. 도는 만물을 먹여 살리지만 나서지 않는다. 하늘은 비를 뿌리고 거두지 않으며 자랑하지 않는다. 땅은 만물을 거둬들이고 품에 안지만 수고로움을 뽐내지 않는다. 갓난아기의 비유가 어머니와 이미지가 겹치면서 겸손한 의미망을 만들며 문장도 자신을 내려놓는다. 자기를 감춘다는 멋진 비유가 되었다.

갓난아기나 어린애의 비유는 『노자』에만 등장하는 것이 아니다. 『손자병법』「지형편」(地形篇)에 "병사를 갓난아기처럼 본다. 그러므로 병사와 함께 깊은 계곡에 갈 수 있으며 병사를 사랑하는 자식처럼 본다. 그러므로 병사와 함께 죽을 수 있다"[視卒如嬰兒, 故可以與之赴深谿 ; 視卒如愛子, 故可以與之俱死]라는 글이 보인다. 손자의 '갓난아기' 비유는 장군과 병사의 관계를 부모와 자식 사이로 등치시킨 것이기 때문에 친밀감과 사랑이라는 의미로 단번에 이해할 수 있는 일반적인 사용이라고 할 수 있을 것이다. 노자의 경우, 갓난아기를 다채롭게 인용해 다루기 때문에 일반적인 관념 안에서 이해하는 것으로는 충분하지 않다. 또 갓난아기의 속성에 대한 이해가 도에 대한 인식으로 곧바로 등치(갓난아기=도)되지 않는데, 갓난아기가 도를 대표하지 않기 때문이다. 갓난아기는 비유이되 대유(代喩)나 환유(換喩)가 아니라 도를 감지할 수 있는 일부분으로 쓰이고 있다. 노자가 도를 설명하면서 갓난아기의 비유뿐 아니라 여러 가지 비유를 동원한 이유도 도를 어느 한 가지 이미지로 고정하거나 확정지을 수 없기 때문이다.

통나무

28장은 노자의 비유가 집대성된 장으로, 전체를 네 단락으로 나눌 수 있다.

> ① 수컷임을 알면서 암컷임을 지키면 천하의 계곡이 된다. 천하의 계곡이 되면 상덕(常德)이 떠나지 않아 갓난아기로 되돌아간다.
> ② 흰 것을 알면서 검은 것을 지키면 천하의 모범이 된다. 천하의 모범이 되면 상덕이 어긋나지 않아 무궁무진함으로 되돌아간다.
> ③ 영예를 알면서 욕됨을 지키면 천하의 골짜기가 된다. 천하의 골짜기가 되면 상덕이 족해 통나무로 되돌아간다.
> ④ 통나무가 흩어지면 그릇이 된다. 성인이 그릇을 쓰면 기관의 우두머리가 된다. 그러므로 큰 제도는 자르지 않는다.

① 知其雄, 守其雌, 爲天下谿. 爲天下谿, 常德不離, 復歸於嬰兒 ② 知其白, 守其黑, 爲天下式. 爲天下式, 常德不忒, 復歸於無極. ③ 知其榮, 守其辱, 爲天下谷. 爲天下谷, 常德乃足, 復歸於樸. ④ 樸散則爲器. 聖人用之, 則爲官長. 故大制不割.

인용문의 네 단락 중에서 첫번째, 두번째, 세번째 단락은 문장 패턴이 반복된다. 마지막 네번째 단락에서 셋째 단락을 이어 결론을 맺는데 문장의 강조점은 통나무[樸]에 놓인다. 통나무 비유는 함의가 풍부한데 노자는 하나하나 설명하지 않아 비유를 주의 깊게 봐야 한다.

양면성

노자는 암컷/수컷, 흑/백, 영예/욕됨을 써서 사물의 양면을 구유해야 사람이 온전할 수 있다고 얘기한다. 그래야 상덕(常德)이 유지된다고. 유교에서 남녀유별을 두어 사회적으로 성별(gender)을 구분해 인간 생활의 근간(오륜, 인간의 다섯 가지 기본 윤리) 가운데 하나로 삼은 것을 생각해 보라. 노자는 남성성과 여성성을 겸비해야 한다고 말한다. 음양을 갖추어야 가장 겸손한 곳에 자리해 도(道)와 닮아 간다.

첫번째 단락에는 노자가 즐겨 사용한 비유가 집약되었다. 앞에서 충분히 언급했으므로 더 얘기하지 않아도 될 것이다. 갓난아기를 계곡과 동일시한 구조는 셋째 단락에서 통나무로 수렴된다. 이때 통나무는 통나무라는 구체적인 물질성에 한정되지 않는다. 그것은 소박함[樸]이기도 하고 잠재력이기도 하며 가능성이기도 하다. 이는 되풀이해 온 이미지다.

통나무는 계곡이나 물처럼 자연물이 아니다. 나무[樹木]일 때는 자연물이지만 통나무는 수목에서 벗어난 상태다. 그렇다고 인공물도 아니다. 사람의 힘이 가해져 인간세계의 쓰임새로 변할 때 인공물이 되는데 통나무는 조작이 더해지지 않은 상태이므로 인공물도 아니다. 자연과 인간의 경계선에 위치한 묘한 비유물이다. 자연의 세계는 벗어난 물건이지만 자연의 소박함은 그대로 간직한 채다. 인공의 세계로 들어오기도 편해서 가공하면[散] 인간에게 쓰임새가 큰 그릇[器]이 될 수 있는 존재. 자연과 인공의 세계가 조화하기도 하고 갈등하기도 하기에 자연과 인간의 경계가 문제 되는데 통나무는 그 시금석이다.

누구도 신하로 삼을 수 없다

노자는 통나무의 상태를 주목한다. 통나무는 인위적으로 매만져[散] 그릇이 되기도 해서 성인 통치자가 뛰어난 인재를 발탁해 훌륭한 정치를 이룩하면 누군가는 한 기관의 장이 되기도 한다[聖人用之, 則爲官長]. 그러나 공자도 갈파했듯이 "군자는 그릇으로 쓰이지 않는 법이다"[君子不器]. 노자 역시 말한다. "도는 항상 이름이 없다. 통나무는 비록 작지만 천하에서 누구도 신하로 삼을 수 없다. 제후나 왕이 통나무의 상태를 지킬 수 있다면 만물은 스스로 그에게 와 손님이 될 것이다"[道常無名, 樸雖小, 天下莫能臣. 侯王若能守之, 萬物自將賓. / 32장]. 32장의 '도상무명'(道常無名)이라는 말에는 1장의 유명한 말[道可道, 非常道 ; 名可名, 非常名]이 메아리치고 마지막 구절 만물자장빈(萬物自將賓)에서는 갓난아기 비유를 설명할 때 왕필이 "재영백"(載營魄)을 "인지상거처"(人之常居處)라고 주석하면서 "만물자빈"(萬物自賓)이라고 한 말과도 호응한다.

노자는 여기서 도는 통나무라고 단언한다. "작지만 아무도 신하로 삼을 수 없다"고 말한다. 왜? 도이기 때문이다. 도는 어느 한 기능에 국한되어 쓰이는, 인간에게는 유용할 수도 있지만 제한된 사용에 묶이는 그런 게 아니기 때문이다. 만물을 존재하게 하는 보이지 않는 근본 힘이지만(장자는 도가 똥에도 기와 조각에도 존재한다고 말했다. 장자는 극언極言했지만 노자는 통나무라는 모호한 물건을 가져왔다), 의자나 두레박처럼 한 가지 용도에 쓰이지 않는다. 유용함이라는 기준으로만 보지 않아야 보이는 것. 그것은 자기를 낮추는 겸손함이기도 하다. 그럴 때 진정한 왕이 될 수 있다. 앞서 보았던 하류(下流)라는 말이 이곳으로 흘러온다.

통나무는 작게는 문지방이나 일상용품이 되지만 나라의 그릇이 되면 큰 인물로 변할 수 있다. 그것을 "통나무가 흩어지면 그릇이 된다"[樸散則爲器]라고 표현했다. 그러나 통나무는 도(道)를 비유한 말이기 때문에 그릇처럼 쓸 수는 없다. 때문에 마지막 문장과 이어진다. "그러므로 큰 제도는 자르지 않는다"[故大制不割]. 제도라고 번역했지만 제(制)라는 말은 인위적으로 만든다는 의미다. 산(散)이라는 말이 정치적으로 대표될 때, 앞에서 성인이 정치를 해 훌륭한 사람을 한 기관의 우두머리로 삼는다 했으므로 정치시스템으로 받아 제도라고 했을 뿐이다. 통나무는 이용되지 않는 도이므로 가장 뛰어난 제도(혹은 손질, 이용하기)는 도를 따르는 것이기에 손대지 않아야 한다는 역설을 말한 것이다. 제(制)라는 글자나 할(割)이라는 글자에 모두 칼[刀= 刂]이라는 인위적 행위가 들어갔음을 볼 필요가 있다. 가장 뛰어난 정치는 인위적인 어떤 일도 하지 않는다[無爲]. 그러나 이때 무위는 적극적인 행위라는 노자의 명제가 여기서도 되풀이된다.

산(散)과 기(器)

32장은 28장과 함께 읽을 때 통나무의 비유가 선명해진다. 노자는 통나무를 비유로 쓰면서 필연적으로 따라올 수밖에 없는 두 가지 말을 사용했다. 산(散)과 기(器). 산(散)이라는 말은 흐트러뜨린다는 풀이에 멈추지 않고 사방으로 흩어져 여러 의미로 쓰이는, 활용도가 큰 말이다. 이 글자는 『장자』(莊子)에서 '산목'(散木)으로 쓰이면서 문목(文木)과 대조를 이루더니 산인(散人)이란 말로 의미가 변주된다. 일단 의미가 변주를 시작하면 파장은 계속 퍼져 간다. 산목과 문목의 앞 글자만 따오면 산문(散文, prose)이 되고 산문은 곧바로 운문(韻文)을 끌고 들어온다. 이렇게 되면 문(文)의 다양한 무늬를 설명하지 않을 도리가 없고 이때 설명되는 문은 문목(文木)으로 되돌아가 의미는 중첩되고 다른 의미를 낳는다. 꼬리를 무는 산(散)이라는 글자에 매혹되어 한바탕 수다를 늘어놓을 수 있지 않을까. 노자와 장자가 만나고 철학과 문학이 어우러지면서 언어유희가 인간관·세계관의 변화로 이어지는 경지가 거기 있기 때문이다. 그러나 이런 수다는 『장자』에서 펼치는 게 더 어울릴 것이다.

유혹하는 또 다른 글자, 기(器)도 마찬가지다. 비유에 대해서는 충분히 얘기했다고 생각한다. 앞에서 강조한 말을 되풀이할 필요는 없을 것이다. 훌륭한 비유를 쓴다고 모두 시인은 아니나 비유만으로 자기 집을 지을 줄 아는 시인이 흔치 않은 것 또한 사실이다. 기(器)도 비유이지만 통나무[樸]에 예속되는 하위범주가 아니다. 여기까지 비유라는 항목을 설정해 설명했으나 노자의 비유는 시의 비유이면서 근본적인 사유[철학]를 품은 일체임은 더 말할 것도 없을 터. 기(器)에 대해 노자는 멋진 문장을 준비해 두었다. 노자의 그 말은 시인의 본질과도 관련이 되므로 시인의 다른 면모를 다룬 다른 장(2부 3장)에서 이야기해야 한다.

노자의 비유는 삼엄하다. 친절하게 설명하고 자세히 가르쳐 주지만 그것은 방편일 뿐 전부가 아니라고 환기를 멈추지 않는다. 도는 간단히 규정될 수 없고 그래서도 아니 되기에 엄격하게 반복하고 강조할 수밖에 없었을 것이다. 설명을 아니 할 수도 없고 설명하자니 한쪽에 국한되어 일부가 전부인 것처럼 오해될 위험이 크다. 모두를 설명할 수는 없다. 그렇지만 전혀 설명을 하지 않는 '무'(無)와 오해를 무릅쓰고 일부를 드러내는 '유'(有), 그 사이는 희미한 붉은 선처럼 위태롭고 모호하다.

노자는 여기서 비유를 택한다. 노자의 비유는 수사학이 아니다. 언어로는 미세한 감정의 결과 세밀한 사고, 큰 사상을 다 표현할 수 없다고, 사람들은 언어의 한계를 곧잘 꺼내든다. 무책임한 말이다. 언어란 그런 게 아니다. 언어는 대상을 잘 포착하는 훌륭한 그물이지만 동시에 포착한 대상을 끊임없이 상처 내기 때문에 어려운 것이다. 무엇인가를 짓고 세우고 가리키지만 계속 훼손시키고 부수고 덮어 버리는 이상한 물건이다. 그걸 알면서 글을 쓰고 말을 하기에 불완전함이 손실된 부분을 불러일으키고 독자는 결손을 상상하면서 글의 집이 간신히 버티는 게 아닐까. 무언가 빠진 그 자리에 의미가 고이는 것이다. 그래도 의미는 바람처럼 빠져나간다. 바람이 지나간 자리, 비유만 가까스로 남는다.

노자가 숱한 비유를 쓴 까닭은 무엇일까. 그것은 도를 현시하려는 게 아니다. 노자는 도를 자세히 설명해 이해시키려고 하지 않는다. 노자는 도를 실천해야 한다고 강조한다. 노자의 비유가 어렵지 않고 친근한 사물로 이루어진 까닭은 매일 실천하고 그에 따라 살아야 한다는 점을 보여 주기 위해서다. 말에 홀리고 의미에 취해 텍스트를 사랑하는 게 능사가 아니다. 실천해야 한다. 비유의 타깃은 실행이다.

3장 _ 시인, 보는 사람

시인은 보는 사람(a seer)이다. 시인은 현실을 제대로 보고 현실을 꿰뚫어 보고 현실 너머를 본다. 사람들이 혼란스러워할 때 시인은 리얼리스트로서 현실을 정면으로 응시하고 잡다한 현상들이 눈을 어지럽힐 때 시인은 근원을 통찰한다. 시인은 삶에 대한 응시와 생활에 대한 통찰이 쌓여 여기 이곳이 전부가 아니라 다른 세계가 있다는 것, 눈에 보이는 것이 다가 아니라고 비전을 보여 준다. 그들은 예언자이기도 하다. 본질적으로 시인은 본다.

반전의 사유

노자는 시인이다. 그는 자신이 살았던 시대의 전쟁을 본다. 전쟁은 현실이었다. 리얼리스트로서의 그의 면모는 30장에

드러난다.

> 군대가 머문 곳엔 가시나무가 자라고 대군이 생긴 뒤엔 반드시 흉년이 생긴다.
>
> 師之所處, 荊棘生焉. 大軍之後, 必有凶年.

이 진술은 전쟁에 대한 일반적인 발언이 아니다. 군대가 머문 자리에 가시나무가 자란다는 말은 주둔군이 먹는 양식과 관련된다. 군대에는 병참(보급부대)이 따르지만 전쟁이 장기화되면 보급부대도 한계에 이르기 마련이다. 전국시대의 특징은 전쟁이 대규모로 변했다는 데 있다. 춘추시대에 귀족(군인)끼리 단시간에 전투를 벌이고 한 번의 승부로 물러가는 것과는 전혀 다른 양상의 전투가 벌어진다. 전국시대의 전쟁은 주로 외국으로 나가서 하는 국가적인 사업, 대규모 프로젝트로 백성들을 총동원해야 하는 총력전 양상을 띠었다. 손자가 병법을 쓴 것도 이런 사정과 관련된다. 전투인원뿐 아니라 훈련과 병참이 중요해졌고 지리에 대한 감각도 예리해져야 했다. 대규모 인원이 동원될 때 그들의 잠자리와 식량조달은 중대한 문제였다. 식량이 부족하면? 주둔지 주변의 어떤 것도 남아날 수 없다. 황폐한 자리에 남는 것은 척박한 땅에서 자라는 가시덤불일 수밖에. 다음 문장도 마찬가지다. 총력전으로 치러지는 전쟁일 때 군사로 동원되는 사람들은 농민밖에 없었다. 그들이 전장에 나가면 누가 농사를 짓겠는가. 식량을 생산하는 절대인원이 밖에서 싸우니 전쟁이 있은 해에 흉년이 오는 건 필연이다. 대군이라 했으니 농민 대다수가 동원됐을 건 말할 나위가 없다. 전쟁과 흉년은 한 몸뚱이인 셈이다. 둘은 동시적으로 발생한다. "반드시"[必]란 말은 필연적으로 그리된다는 사실을 말할 것으로 수사적 강조어가 아니다. 4구 4자로 정연하게 쓰인 이 글은 전쟁의 참상을 가감 없이 보여 준다. 그 밑바닥에는 백성들의 고단한 삶이 깔려 있다. 전쟁의 리얼리즘이면서 담백한 통찰이 담긴 글이다.

46장은 한 발 더 나간다.

> 천하에 도가 있으면 잘 달리는 말이 거름을 준다. 천하에 도가 없으면 전쟁에 나간 말이 교외에서 새끼를 낳는다[또는, 전쟁에 나갈 말이 교외에서 태어난다].
>
> 天下有道, 卻走馬以糞 ; 天下無道, 戎馬生於郊.

노자는 말[馬]을 거론한다. 전쟁에서 가장 중요한 전투수단이 말이니 수긍할 수 있다. 전쟁과 관련된 당시의 현실은 후자 쪽에 방점이 놓인다. 전쟁에 나간 말들의 운명. 어떤 주석가는 원문에 보이는 교(郊)를 교외, 즉 국경이나 수도의 외

곽으로 보지 않고 '교'(交)와 같은 글자로 보아 '교전지장'(交戰之場), 즉 전쟁터로 보기도 한다. 그렇게 읽으면 말의 처지가 더 리얼하게 읽힌다. 원문 교(郊)도 단순한 장소라기보다 전쟁터라는 말로 썼을 것이다.

『한비자』의 「유로」에 『노자』 46장에 대한 해석이 보인다.

천하에 도가 있어 급한 일과 우환이 없으면 조용하다. 역마며 역(驛)을 쓸 일이 없다. 때문에 "달리는 말을 데려와 밭에 거름을 준다"고 했다. 천하가 엉망이면 공격이 쉬지 않고 몇 년을 서로 버티면서 그치지 않아 갑옷과 투구에 서캐와 이가 생기고 침대 휘장에는 참새와 제비가 산다. 때문에 "전쟁에 나갈 말이 교외에서 태어난다"고 했다.

天下有道無急患則曰靜, 遽傳不用, 故曰 : "卻走馬以糞." 天下無道, 攻擊不休, 相守數年不已, 甲冑生蟣蝨, 鷰雀處帷幄, 故曰 : "戎馬生於郊."

이 발언은 전국시대 말기 현상을 반영한다. 전쟁이 몇 년에 걸쳐 벌어지는 통에 집안이 텅 비었으니 새들이 집에서 산다고 묘사했다. 이 상황을 노자 시대까지 소급할 수 있을까 싶기도 하지만 전쟁의 실상을 보여 준다는 점에서 공통된다. 한비도 『노자』의 이 구절을 전쟁의 리얼리즘으로 읽었다. 이 구절만으론 부족했던지 한비는 「해로」에서 부연한다.

임금이 엉망이면 나라 안으로는 백성에게 난폭하게 굴고 학대하며 나라 밖으로는 이웃 나라를 침략해 괴롭힌다. 안으로 난폭하게 굴고 학대하면 백성들이 출산을 끊어 버리고 밖으로 이웃 나라를 침략해 괴롭히면 전쟁을 자주 일으킨다. 백성들이 출산을 끊어 버리면 가축이 적어지고 전쟁을 자주 일으키면 병사들이 없어진다. 가축이 적어지면 전쟁에 쓸 말이 부족하고 병사들이 없어지면 군대가 위태롭다. 전쟁에 쓸 말이 부족하면 암말이 전쟁터로 나가고 군대가 위태로우면 임금 가까이에 있는 신하가 전투를 치른다. 말은 군대에서 크게 쓰인다. 교(郊)는 가깝다는 뜻이다. 그러므로 '천하가 엉망이면 전쟁에 쓸 말이 [군대와] 가까운 곳에서 태어난다'고 한 것이다.

人君者無道, 則內暴虐其民, 而外侵欺其隣國. 內暴虐則民產絕, 外侵欺則兵數起. 民產絕則畜生少, 兵數起則士卒盡. 畜生少則戎馬乏, 士卒盡則軍危殆. 戎馬乏則將馬*出, 軍危殆則近臣役. 馬者, 軍之大用 ; 郊者, 言其近也. 今所以給軍之具於將

* '장마'(將馬)의 '장'(將)이란 글자는 '암컷'이라는 뜻의 '자'(牸)로 보아야 한다. 자형이 비슷해서 잘못 옮겨 쓴 것으로 추정된다.

馬近臣, 故曰 : '天下無道, 戎馬生於郊矣'.

예나 지금이나 전쟁 같은 재난이 닥치면 사람은 물론 짐승까지 죽어 나간다. 사람이 어육이 되는 판에 짐승까지 생각이 미치지 않을 것이다.

도가 계열의 사상은 만물이 서로 이어져 있다는 점에 특히 관심을 둔다. 자연(=천지天地)이 만물(=물物)을 낳았으므로 모든 존재(=물物)가 천지의 자손으로 서로 연결된다는 사고는 도가만의 전유물은 아니다. 이 점 오해해서는 안 된다. 자연에 대한 관점이 동양의 특징이라고 할 때 이는 천하(자연)에 대한 친밀감을 얘기하는 것으로 제자백가가 공유하는 오래된 동양 특유의 사유라 할 수 있지 어느 한 학파나 특정 사고 양식을 가리키지 않는다.

노자는 말[馬]을 들어 인간의 삶을 생각해 보도록 이끈다. 생명을 아끼고 소중히 다루라 누누이 말했던, 여성성을 소중하게 여기고 생명의 탄생을 우주의 탄생과도 비겼던 이가 노자다. 생명이 태어날 땐 온 우주가 도와주고 축복한다. 그게 자연에 대한 예의고 생명에 대한 존중이다. 짐승이라고 다르겠는가. 폭력 없는 탄생이란 예나 지금이나 얼마나 지키기 어려운가. 생명 탄생에 대한 경외가 전쟁이라는 살육과 병치되는 모순. 이런 지경에 인간의 탄생을 상상해 보라. 동물이 고

통을 겪을 때 인간은 예외적으로 무사할 거라고 생각할 수 있을까. 세상이 제대로 돌아갈 때 가장 비천한 똥조차 생명을 살리는 물건으로 쓰인다. 세상이 엉망일 때는 경이의 눈으로 축복받아야 할 생명이 자기 집에서조차 태어나지 못한다. 노자는 통찰력을 넘어 '생명은 저주가 아닌가'라는 아이러니에 접근하는 것 같다. 전쟁에 대한 노자의 사고와 심오한 통찰은 손자와의 관련성이 뚜렷이 감지된다. 전쟁을 통해 노자는 손자에서 암시하는 철학적 관점을 포괄하기 때문이다. 아울러 노자에겐 반전사상이 깔려 있다.

천지는 어질지 않다

통찰력 이야기가 나오니 다른 글 하나가 떠오른다. 5장의 "천지는 어질지 않다. 만물을 짚으로 만든 개로 여긴다"[天地不仁, 以萬物爲芻狗]라는 문장이다. 여기서 '어질다'[仁]라는 말은 무슨 뜻일까. 유가에서는 생생지인(生生之仁)이라 해서 주어를 천지로 두고 만물을 탄생시키는 생명력을 말하기도 한다. 생생지인의 인(仁)을 인간세계에 적용해 만물을 살리는 정치로 재정의한 것이 인이다. 널리 백성을 사랑한다는 말이다. 인(仁)을 유가의 정치철학으로서, 천지를 본받는 정치의 통합적 관점으로 받아들일 수 있다. 인용한 노자의 말은 이러한 유가의 세계관을 정면으로 부정한다. 노자는 단언한다. "천지는 어질지 않다"[天地不仁]. 천지가 만물을 짚으로 만든 개로, 제사를 지낼 때는 잘 모시지만 제사를 마치면 아무렇게 버려도 아무 미련 없는 그런 존재로 다룬다니.

왕필은 이 구절에 주석을 붙여, "천지는 스스로 그러함에 맡겨 인위도 없고 조작도 없다. 만물은 스스로 다스리고 질서를 세운다. 때문에 불인하다고 했다. 어진 이는 반드시 조작하고 세우고 베풀고 교화해 은혜가 생기고 인위가 나온다"[天地任自然, 無爲無造, 萬物自相治理, 故不仁也. 仁者必造立施化, 有恩有爲]라고 했다. 불인(不仁)을 자연과 등치시켰으니 인위와 조작이 자연에 반대되는 개념으로 등장한다. 인위와 조작은 은혜와 짝이 되어 인(仁)으로 수렴된다. 인자(仁者)의 자리에 왕을 놓으면 정치사상으로 넘어가 유가를 비판하는 쪽으로 읽을 수 있다. 인위(人爲)를 행하면 편애가 생겨 치우치게 된다는 인간의 성정에 대한 통찰이기도 하다. 통찰의 논리적 귀결은, 치자(治者)는 치우치지 않는 천지를 배워 무심(無心)과 빔[虛]을 지향하는 태도를 가져야 한다는 도가적 메시지로 향하게 된다.

다르게 읽어 보자. 자연은 무심한 것인가? 노자의 무심함은 유가의 인간적 관점을 배격한다는 점에서 혁신이다. 유가는 인간중심주의를 포기하지 못한다. 노자는 그런 사고를 근저에서 깨부순다. 천지는 천지고 만물은 만물일 뿐이다. 비가 오고 눈이 내리고 바람이 불고 사람이나 짐승이 죽으면 시체는 썩어 없어진다. 그것이 묵묵한 천지의 질서다. 무엇이든 인간 중심으로 해석하는 것은 다른 차원의 문제다.

인간 중심으로 해석하지 않는 길도 있는 법이다. 다른 사유의 길. 휴머니즘, 혹은 인간 중심의 종교가 전부가 아니라는 환기. 노자는 새로운 상상법을 도입한다. 세상을 보고 이해하고 해석하는 사유, 이 자기중심주의에 대한 강력한 비판이 여기 들어 있다. 익숙한 사고의 이면을 꿰뚫어 보고 다른 세계를 상상할 길을 암시한다. 자신을 객관화할 줄 아는 능력이기도 하다.

신령스러움에 대한 존중

그의 남다른 능력은 다른 장에서도 볼 수 있다. 29장을 보자.

> 천하는 신기한 기물이라 인위적으로 무얼 할 수 있는 게 아니다. 인위적으로 무얼 하려는 자는 실패한다. 붙잡으려는 자는 놓친다.

天下神器, 不可爲也. 爲者敗之, 執者失之.

신기(神器)라 했으니 까다로운 글자인 신(神)이라는 말부터 풀이해 보자. 동양인은 이 글자를 직관적으로 이해하기 때문에 미주알고주알 설명할 필요가 없을 것이나 직관을 언어화하는 일도 사고에 윤곽을 부여하는 작업이니 시도해 볼 만하다.

신령스럽다고 흔히 해석하는 신(神)은 느낌이긴 하되 일상적인 느낌을 넘어서는 다른 종류의 감각이다. 신령스러움은 일차적으로 일상에서 느끼기 어려운 감각 상태를 나타내는 형용사적 표현이다. 이 느낌이 신기하고 괴이하기도 하고 정신을 자극하는 예외적 상태가 구체적 사물로 응결되었을 때 귀신이라 하며, 신령한 존재를 가리킬 때 신(神, 정령)이라 한다. 깊은 숲이나 산, 계곡에 들어갔을 때 느끼는, 서늘한 기운과 함께 오는 기이한 어떤 존재감, 그 느낌. 신비롭고 형언하기 어려운, 그러나 분명 감지되는 기운. 신(神)은 무엇보다 자연(천지)에 들어와 생생하게 접촉하면서 얻는 말이지만 인간세계에 적용되면 인간의 지혜와 이해로 파악하기 어려운 일이나 능력, 초월적인 사태를 가리키기도 한다. 이 말이 확장되면 도가 계통에서 인간의 도덕적 잠재력, 내면의 힘 혹은 자연이 준 자발적인 능력을 신뢰하는 표현으로 쓰인다. 신

(神)에 대한 함의는 생각보다 넓다. 자연에 대한 경외감에서 출발해 인간사회의 현상에 대한 말로 쓰이기도 하고 인간 개인의 잠재력까지 포괄한다. 그 바탕에는 인간이 미칠 수 없는 존재에 대한 조심스러움이 깔려 있는 것으로 보인다.

노자는 천하를 신기(神器)라고 했다. 천지가 아니고 천하다. 천지라는 자연이 아니라 천하라는 인간세상이다. 천하는 하늘과 땅[天地] 사이를 가리킨다. 천하는 천지에서 나왔다. 인간세상에 국한되기는 하나 천지와 구별된다고 해서 천하가 독립적인 것은 아니다. 천지가 신기(神器)이므로 천하도 신기라는 연관성을 염두에 두어야 한다. 천하이기에 인간의 질서가 부여되어야 하는 건 당연한 일. 인간의 질서를 만들 때 인위적으로 다 할 수 있을 만큼 전부 통제[인위]가 가능하지 않기에, 간단치 않다고 신기(神器)라 표현한 것이다.

인간세계는 간단하지 않다. 그것은 자연을 닮았다. 사계의 순환과 리듬이라고 심플하게 자연의 질서를 말하지만 복잡한 결을 단순해 보이도록 설명하는 것일 뿐 그 속에는 인간의 지식을 뛰어넘는 신령스러움, 혹은 신성함이 내재한다. 인간사회(천하)는 복합적인 세계라 정치는 복합적인 자연스러움을 보존하는 쪽으로 행해져야 한다. 인간사회의 리듬과 호흡을 존중해 주고 그 상태를 유지하도록 놓아두라는 말이다. 무위(無爲)라는 말의 뜻이기도 하다. 무위에 반대되는 모든 행동을 "위자"(爲者), "집자"(執者)라고 했다. 어떤 일을 하지 않을 수는 없다. 꼭 해야 한다면 어떻게 해야 하는가? 무위는 아무것도 하지 않는다는 말이 아니다. 인위와 조작을 최소화하고 자연의 리듬을 도와준다는 뜻이다. 그렇다면 어떤 방법을 말하는 것일까.

노자는 비유적으로 말한다. "큰 나라를 다스리기는 작은 생선 요리하듯 해야 한다"[治大國若烹小鮮 / 60장]. 어렵다는 생각, 간섭하지 않아야 한다는 각오 없이 정치하는 무모함을 경고한다. 노자의 이상국가는 "나라를 작게 하고 백성의 수를 적게 한다"[小國寡民 / 80장]는 데 있다. 대국에 대한 사고는 이상국가[소국]에 비추어 봐야 하기에 60장과 같이 생선 요리하듯 하라는 말이 나왔다. 하지만 진시황의 통일이라는 거대국가의 탄생과 이후 역사의 추세를 보면 소국과 대국 통치에 대한 노자의 견해는 곱씹어 볼 만한 부분이 있다. 소국이든 대국이든 '천하는 신기(神器)'라는 말에 근원을 두고 운용한 말로 보이기 때문이다.

천하는 신기(神器)라는 말은 정치현실에 대한 통찰력 있는 말일까. 나는 그렇게 읽는다. 우리 삶에 대한 말로 바꿔 읽어도 무방하다. 인간의 지식으로 다 파악할 수 있다는 믿음과 신령스런 어떤 존재를 존중한다는 둘 사이의 거리는 크지 않을까. 인간과 사회를 이해하고 해명하려는 숱한 시도와 노력,

그 귀한 실천에 신령스런 존재에 대한 존중이 생략될 때 천하는 건조해지는 게 아닐까. 신기(神器)라는 말이 당위의 언어로 들리지 않고 경고의 언어로 들리기에 노자의 안목은 무섭다. 노자는 현실을 냉정하게 바라본다. 그러면서도 현실이 전부라고 하지 않으며 현실에 매몰되지 않는다. 그는 현실을 넘어서는, 현실 너머 현실보다 큰 신령한 존재를 감지한다. 그리고 그 존재를 존중할 줄 안다.

노자는 28장에서 도를 통나무에 비유하면서 기(器)라는 말을 썼다. 여기서는 '천하(天下)=기(器)'이기에 스케일이 커졌다. 도에서 자연이 나오고 자연에서 천하가 탄생했으니 천하가 도를 지향한다는 점은 쉽게 유추할 수 있다. 도가 통나무로 비유되었으니 나무가 흩어져[散] 자연이 되고, 천하로 기(器)가 쓰여 확장하고 수축되는 활용도 용이하게 추론할 수 있다. 쓰임새가 확장되었지만 기(器)의 운용이라는 한 범주 안에서 놀고 있다. 천하만이 기(器)로 쓰이는 게 아니다. 더 확산될 수 있다. 기(器)의 확장은 대기만성(大器晩成)이란 말이 보이는 41장을 예비한다. 41장은 다른 각도에서 얘기를 건네기 때문에 단락을 바꿔야 한다.

다른 세계를 보다

현실 너머 다른 세계를 보는 노자를 이야기할 차례다. 다른 세계의 존재는 노자에게 뚜렷했던 것 같다. 14장을 보자.

> 보아도 볼 수 없으니 이(夷)라 하고 들어도 들을 수 없으니 희(希)라 하고 잡아도 붙들 수 없으니 미(微)라 한다. 이 세 가지는 따져 물을 수 있는 게 아니기 때문에 합쳐서 하나라고 한다.
>
> 視之不見, 名曰夷；廳之不聞, 名曰希；搏之不得, 名曰微. 此三者, 不可致詰, 故混而爲一.

이(夷)·희(希)·미(微)라는 말은 운(韻)을 맞추는 글자이기도 하고 부정어(不見·不聞·不得)를 한 글자로 표현한 말이라 심오한 뜻이 있으리라, 오해할 필요는 없다. 뛰어난 언어 감각을 드러낸 말로 인간의 인지능력 너머의 어떤 것을 임의의 언어로 시도한 것이다. 하나[一]라는 말은 도(道)를 가리킨다. 하나라는 말도 일반적인 말을 가져다 쓴 것이지 특별한 의미를 부여한 게 아니다. 도(道)라는 언어 역시 임의적이고 포괄적인 지시어로 고정된 함의를 가졌다고 보긴 어렵다. 1장에서 제시한 원칙을 염두에 둔다면 재삼 거론할 것도 없다. 도는 인지 불가능하다는 말을 다르게 표현한 것이다. 그렇다고 도가 없는 것도 아니다. 감각할 수 없고 언어로 설명해도 남는 부분이 있으며 설명할수록 원 모습에서 멀어지며 훼손될 수밖에 없다는 사고에서 나온 구절이다. 핵심은, 보이지 않는다고 없는 것은 아니라는 역설. 알기 어려운 것, 이해하기 어려운 것을 말하려는 지난한 노력이 이런 운문을 만들었다. 한계를 알면서 한계 안에서 최선을 다하는 몸부림이 간결한 언어를 낳았다. 압축된 언어가 시가 되는 지점에서 현실 너머 다른 세상이 잠깐 모습을 드러낸다.

14장은 12장과 짝을 이룬다.

> 다채로운 색은 사람의 눈을 멀게 한다. 현란한 음악은 사람의 귀를 멀게 한다. 복합적인 맛은 사람의 입을 상하게 한다. 마구 뛰놀기와 사냥은 사람 마음을 미치게 한다. 얻기 어려운 물건은 사람의 행동을 어지럽힌다.
>
> 五色令人目盲, 五音令人耳聾, 五味令人口爽, 馳騁畋獵令人心發狂, 難得之貨令人行妨.

이 글은 감각기관의 문제와 한계를 지적한다. 감각을 협소하게 인지해서가 아니라 감각에 탐닉해 거기에 붙들려서다. 문화 활동이 감각기관에 자극을 주고 인간이 반응하는 것은 당연한 일이지만 자극과 반응이 계속 상승하면서 감각기관에 이상이 생긴다. 감각기관이 자극에게 붙잡힌 것이다. 감각기관이 자극을 통제하는 것이 아니라 자극의 노예가 되어 감각을 잃어버린다. 듣지도 보지도 느끼지도 못하게 된다. 인간의 지각이 신령스러운[神] 까닭은 본래의 기능이 제대로 작동할 때 감각 너머의 어떤 것을 인지하기 때문이다. 노자가 여성성이나 갓난아기를 내세운 이유도 이런 사정과 관련이 있다. 도는 보이지도 들리지도 않고 언어화하기도 어렵지만 누구나 알 수 있다. 감각기관을 넘어서기에 오히려 잘 감지한다. 그러나 감각기관만을 믿기에 아무도 인지하지 못한다. 이것은 역설이 아니다. 사실이다. 노자는 잃어버린 감각을 얘기한다. 노자는 알고 있다. 보이지도 들리지도 않고 손에 꼭 잡아 느낄 수는 없어도 뚜렷이 존재하는 현실 너머의 무엇을.

41장은 감각 문제를 지나 인식 문제까지 나아간다.

> 밝은 도는 어두운 듯하고 나아가는 길은 물러나는 듯하다. 평탄한 길은 고르지 못한 듯하고 최상의 덕은 텅 빈 듯하다. 가장 깨끗한 덕은 더러운 듯하고 넓은 덕은 부족한 듯하다. 건실한 덕은 구차스런 듯하고 소박과 진실은 거짓인 듯하다. 큰 네모는 모서리가 없고 큰 그릇은 완성되지 않는다. 큰 소리는 들리지 않고 큰 형상은 형체가 없다. 도는 감추어져

이름이 없다. 도만이 잘 베풀고 잘 이루어 준다.
明道若昧, 進道若退, 夷道若纇, 上德若谷, 大白若辱, 廣德若不足, 建德若偸, 質眞若渝, 大方無隅, 大器晩成, 大音希聲, 大象無形. 道隱無名, 夫唯道, 善貸且成.

12장에서 언급한 것을 되풀이하면서[大音希聲] 노자는 인식의 한계를 보여 준다. 인식은 일차적으로 감각을 통해 온다. 감각, 특히 눈과 귀로 지각하고 그 후에 인식으로 전화한다. 앞서 말했듯 감각은 쉬 수동적이 되지만 더 큰 문제는 감각 이상의 것에 대해 무기력하다는 사실. 가시권을 넘어서는 것, 가청범위 밖에 있는 것에 대해 반응하지 못한다. 반응하지 못한다고 대상이 없는 게 아니다. 보이는 것이 전부가 아니라 그 너머에 다른 세계가 있다는 것을 보는 사람. 이 문장은 시인의 본질에 맞닿아 있다.

형(形) 너머의 상(象)

앞에 인용한 41장에 대해 약간 부연 설명해야 할 것이 있다. 대기만성(大器晩成)은 '큰 그릇은 늦게 이루어진다(만들어진다)'고 사람들을 격려할 때 흔히 쓰는 어구다. 그런데 만(晩)이라는 글자는 부정어로 읽어야 한다. 백서본은 "대기면성"(大器免成)으로 써서 '면'(免)이라는 말로 부정어임을 명확히 했다. 완성에서 벗어난다[免]는 말이다. 문맥을 봐도 그러하다. '대기만성'(大器晩成)은 "대방무우, 대기만성, 대음희성, 대상무형"(大方无隅, 大器晩成, 大音希聲, 大象无形)이라는 연속된 구절에 들어간 말로 각 구의 세번째 자리에 있는 글자[无, 希, 无]가 모두 부정어로 쓰이기에 만(晩) 역시 부정어로 읽어야 하고 그래야 의미 맥락에서도 아귀가 맞는다. 다만 '대기만성'을 '완성되지 않는다'라고 해석해도 어색한 부분이 남는다. 대기(大器)가 존재하지 않는 것으로 오해할 수 있기 때문이다. 대방(大方)·대음(大音)·대상(大象) 모두 실재하는 것들이되 대(大)라는 말을 써서 인간의 인지 영역을 넘어선 것을 표현했다. 마찬가지 맥락에서 대기(大器)는 완성이 안 돼서 혹은 계속 만드는 과정에 있으므로 존재하지 않는다는 뜻이 아니라 인간이 생각하는 완성 단계를 벗어났다고 이해해야 할 것이다. 대기(大器)는 앞에서 말한 '천하신기'(天下神器)의 '기'(器)보다 크다는 점은 더 설명하지 않아도 될 것이다.

한마디 덧붙인다. 『논어』에 "군자불기"(君子不器)라는 말이 있다. 주희는, 군자는 한 가지 용도로만 쓰이는 그릇이 아니라는 의미로 풀어서 특정한 기능에 국한되지 않는다고 해석했다. 대기만성이라는 의미를 넣어 노자식으로 풀이한다면, 군자는 완성이라는 의미를 벗어난 존재, 완성이라는 마무리가 없으므로 끝까지 노력하는 존재라는 의미로 읽을 수 있다. 공자는 노자식으로 썼을 것이다. 『순자』(荀子) 「권학」(勸學) 편에, "공부는 죽어서야 끝이 난다"[學至乎沒而後止也]는 말이 보인다. 순자의 말은 공자의 말을 염두에 두고 있었음에 틀림없고(「권학」은 『순자』의 첫 편으로 "공부는 그쳐서는 아니 된다"[學不可以已]는 말이 주요 논지다. 『논어』의 첫 편 「학이」學而가 "학이시습지"學而時習之로 시작해 학學을 강조하는 것과 정확히 조응한다) 순자는 학(學)을 끝이 없다는 의미로 재해석하면서 완성이 없다는 "군자불기"(君子不器)란 구절과 연결했다고 읽을 수 있다.

하나 더 첨언해 보자. 대상(大象)* 에 보이는 '상'(象)이란 말도 흥미로운 단어다. 한비자는 '상'(象)이란 말을 이렇게 설명한다. "살아 있는 코끼리를 본 사람은 거의 없다. 죽은 코끼리의 뼈를 발견하고서 그 모습을 그려 보고서는 산 모습을 상

---

* 백서본에는 '대상'(大象)이 '천상'(天象)으로 되어 있다. 대상이란 말이 문맥상 타당해 보이긴 하나 천상이라 했을 때 천(天)은 상(象)으로써만 표현된다는 점을 잘 표현했다고 할 수 있다. 천은 천공(天空, 하늘)이란 말이 있듯 아무것도 없는 곳[空]이기에 인지하기 어렵다. 때문에 천(天)을 대표할 수 있는 이미지[象], 혹은 대상[象]을 통해 나타낼 수밖에 없다. 대표적인 상(象)이 해[日], 달[月], 별[星]이다. 천이 이렇게 상으로 표현되면 상은 금방 기호로도 변환될 수 있는데, 이 기호들의 집적이 『주역』(周易)이란 책이다.

상하는 것이다. 그러므로 사람들이 마음속에 그려 보는 것을 모두 상(象)이라 한다. 도(道)라는 것은 들을 수도 볼 수도 없지만 성인이 도의 드러난 작용(결과)을 보고 형상을 살펴 드러내었다. 그러므로 '형태가 없는 형태요 구체적 형상이 없는 상이다'라고 하였다"[人希見生像也, 而得死象之骨, 案其圖以想其生也, 故諸人之所以意想者皆謂之象也. 今道雖不可得聞見, 聖人執其見功以處見其形, 故曰 : "無狀之狀, 無物之象"].

인용한 구절은 『한비자』「해로」 편 14장에 보인다. 상상력이라는 말이 어디서 왔는지 상(象)이라는 글자를 통해 설명했다. 의상(意想)이라는 말이 상상력에 해당할 듯한데 상상력의 발생 메커니즘을 코끼리를 가져와 말하면서(案其圖以想其生) 그와 동일한 방식으로(執其見功以處見其形) 성인이 도를 우리에게 보여 주었다고 했다. 성인이 상(象)을 보고 형(形)으로 구체화했다는 뜻이다. 형(形)도 형체를 보여 줬다기보다 알 수 없는 것을 명확하게 알 수 있도록 했다는 의미로 읽어야 할 것이다. 인간 심리의 작동방식을 상(象)이라는 말과 관련되는 연상작용으로 끌어와 대구로 논리를 구성한 재치 있는 글이다.

상(象)은 형(形)이 아니다. 형은 감각으로 인지할 수 있고 구체적인 형체를 갖춰 일정 공간을 차지한다고 정의할 수 있다면 상은 존재하지만 구체적 형태를 감각으로 명확히 그려

낼 수 없다는 점에서 차이가 생긴다. 예컨대 공기·바람·수증기·물 따위는 형으로 나타내기보다 상으로 이미지화할 뿐이다. 물[水]을 상으로 상상했다는 게 눈여겨볼 만하다. 물은 감지할 수 있는 일상적인 대상이지만 고정된 형체가 없는 게 특징이다. 형체 없음을 상으로 형체화해 고정시킨 능력!

상을 모아 놓은 책으로 『주역』(周易)을 떠올릴 수 있다. 『주역』에 보이는 기본 8괘는 그 도상마다 상징하는 자연물이 있다. 하늘[乾]·못[兌, lake]·불[離]·우뢰[震]·바람[巽]·물[坎]·산[艮]·땅[坤]. 우리가 익히 아는 건괘(☰)는 괘가 먼저가 아니라 하늘을 기호화했다고 보아야 할 것이다. 기호화하는 작업에는 순서가 있다. 하늘이라는 감지할 수 있는 존재가 실재하고 이를 상(象)으로 표현한 다음, 즉 천(天)으로 나타내고 이 천(天)이 담은 성질과 여러 속성들, 해·달·별 등이 속해 있다는 것 등을 포괄해 건(乾)으로 추상화해야 한다. 그다음 일정한 규칙에 따라 배열해 새로운 약속체계를 만드는 것이다. 『주역』에서 감(坎)괘(☵)라는 기호가 가리키는 자연대상은 물[水]이라 설명되지만 이때 물은 포괄적인 말이다. 물은 생명에게 필수적인 존재라는 상징적 함의에서부터 강과 바다 같은 물로 된 구체적 형상까지 모든 것을 가리킨다. 바다를 떠올려 보자. 바다는 크다는 것, 깊다는 것, 넓고 무한한 미지의 존재라 두렵고 신비스러우며 변화무쌍하다는 것 등등 여러 의미와 모순된 이미지가 겹친다. 작게는 시냇물조차 시간의 흐름과 무상함, 쉬지 않는다는 의미망을 갖는다. 여기에 다른 물까지 더하면 물이 단순한 대상을 가리키지 않는다는 것을 알 수 있다. '산'도 마찬가지다. 산(山)이라는 글자가 상형문자의 대표주자처럼 거론될 정도로 산은 구체적인 형태를 가진 것으로 이해되는데, 산을 상(象)으로 본다는 게 의아스러울 수 있다. 요체는 산이 지닌 신령한 힘에 주목했다는 점이다. 산은 물을 품고 숲을 지녔으며 못[lake,兌]과 계곡(도가에서는 텅빔[空]의 상징이다)이 그 안에 있으니 눈으로 보는 것만으론 분별할 수 없는 영역이 있다. 산 자체의 무게와 중후함과 육중함 그리고 무너진다는 상상력, 바람을 만나고 흔들리며 물을 품어 내보내며 겨울에는 얼어 소리를 낸다는 상상까지. 때문에 산은 형이 아닌 상이 된다. 복합적인 상(象)과 상의 작용을 담고 있기에 『주역』의 변화가 다채로운 것이다.

시인을 보는 사람이라고 할 때 형(形) 너머를 보는 사람이라는 뜻이다. 『주역』을 빌려 말한다면 시인은 상(象)을 본다. 형을 보고 형 너머를 보며 형을 상으로 변화시켜 보고 상과 상을 연결해 본다. 상을 보았기에 언어화할 수 있는 것이다. 한비자의 말은 정확하다고 하겠다. 노자는 정녕 잘 보는 사람이다.

4장 _ 철학자 노자

통치철학

『노자』를 철학으로 읽는 방법 가운데 하나는 왕(혹은 지배계급)을 대상으로 통치철학을 밝힌 책으로 보는 것이다. 하상공주가 그렇게 접근한 대표적인 주석이라고 앞에서 언급했지만 구체적인 사례로 두 장을 들어 어떻게 정치로 연결되는지 자세히 살펴보도록 하자. 먼저 23장을 보자.

> 왕필본 : 말이 적은 것이 본래 그대로의 모습이다. 그러므로 사나운 바람은 아침 내내 불지 않고 소나기는 종일 내리지 않는다. 무엇이 이렇게 하는가? 천지다. 천지도 오래 지속하지 못하는데 하물며 사람은 어떻겠는가.
>
> 希言自然. 故飄風不終朝, 驟雨不終日, 孰爲此者? 天地. 天地尙不能久, 而況於人乎.

백서본 : 말을 적게 하고 본래 그대로 두어라. 사나운 바람도 아침 내내 불지 않고 소나기도 종일 내리지 않는다. 무엇이 이렇게 오래할 수 있겠는가? 천지도 오래 지속하지 못하는데 하물며 사람은 어떻겠는가.

希言自然. 飄風不終朝, 驟雨不終日, 孰爲此? 天地而不能久, 又況於人乎.

왕필본과 백서본은 약간의 글자 출입이 있는데 노자 전체의 사고틀에서 생각해 보면 백서본이 왕필본보다 명백해 보인다. 왕필본은 "무엇이 이렇게 하는가? 천지다"[孰爲此者? 天地]라고 말하는데 이 말에서는 천지를 사나운 바람과 소나기를 내리게 하는 주재자로 해석하게 된다. 노자의 사고에서는 천지가 천지에서 일어나는 일을 주관하는 주체적이고 독립적인 존재일 수 없다. "천지는 도를 본받고 도는 본래 그대로의 모습이다"[人法地, 地法天, 天法道, 道法自然 / 25장]라고 했으므로 이 말을 따른다면 천지에서 일어나는 현상은 도(道=自然)를 닮아 생기는 일이지 천지가 따로 주재자가 되어 행동을 주관한다고 볼 수 없기 때문이다. 천지를 인격화하는 유가의 사고와 유사한 것으로 오해할 수 있다. 백서본에 "숙위차"(孰爲此?)라는 말을 왕필본과 다른 각도에서 해석할 여지가 생긴 것도 "천지"라는 말이 빠지면서 가능해졌다.

그대로 두어라

첫 구절 "희언자연"(希言自然)도 미묘한 차이가 생긴다. 왕필본에는 논리적으로 앞뒤를 연결하는 "고"(故) 자 때문에 "희언자연"(希言自然)을 문장으로 파악하고 다음 문장은 앞 문장을 설명하는 방식으로 볼 수밖에 없다. 희언=자연의 형태가 됐지만 강조점은 주어 희언에 놓인다. 반면 백서본은 "고"(故) 자가 사라져 "희언자연"을 다르게 해석할 수 있게 되었다. "희언하고 자연하라"는 식으로. 이렇게 되면 희언과 자연의 관계를 설정해야 하는 새로운 문제가 생기긴 하지만. 일단 백서본을 기준으로 해석하기로 한다.

요컨대 "말을 적게 하고 본래 그대로 두어라"[希言自然]라는 언사가 어떻게 정치에 적용되는가 하는 점이 관건이다. 이 말은 논란의 여지가 없는 것처럼 보인다. 그런데 희언(希言)과 자연(自然) 사이의 관계도 모호하고 말을 적게 하라는 게 어떻게 정치와 상관이 되는지 맥락이 곧바로 이어지지 않기 때문에 까다롭다. "희언"을 먼저 하고 다음 단계로 "자연"하라는 말인가, 아니면 희언과 자연은 같은 의미를 다르게 표현한 것인가.

문장을 다시 읽어 보자. 노자는 사나운 바람과 소나기를 천지의 말[言]로 비유했다. 천지가 표풍(飄風)과 취우(驟雨)라는 현상으로 말을 하긴 하나 오래 그리고 많이 하지 않는 게

[不能久] 본래의 모습이라는 말이다. 하물며 인간이 어떻게 천지보다 말을 많이 할 수 있겠느냐라는 게 이 글의 요지다. 천지와 인간은 연결되어 있다는 게 재차 확인된다. 인간의 말은 일상적으로 하는 언어생활을 가리키는 게 아니다. 천지의 언어가 표풍과 취우이듯, 여기서 인간의 언어는 통치와 관련된 법령이나 명령을 말한다. 법령 따위를 많이 만들어서 백성을 괴롭히지 말고 백성이 세상에 나온 그대로 살도록 내버려 두라[自然]는 말이다. 고차원의 비유다. 인간이 부여받은 천성인 자발적인 상태(혹은 치유력, 내적인 힘. 또는 잠재력)를 발휘할 수 있도록 도와주는 행동은 인위적인 어떤 것(법령)도 가하지 않고 천지를 닮은 상태 그대로 놓아두라는 도가의 기본명제가 다른 방식으로 담긴 표현이다. 그렇다면 노자가 말하는 인간의 언어에는 성인의 교화나 그들의 진심이 담긴 서적[經]도 포함할 수 있을 것인가? 예컨대 유교에서 중시하는 '오경'을 희언이란 관점에서 보면 어떻게 해석할 수 있을까? 어려운 문제다.

"말을 적게 하고 본래 그대로 두어라"고 해석했지만 '희언하고 자연하라'는 말은, 영어식으로 '앤드'(and)라는 두 개의 동일한 차원의 명제가 수평적으로 이어져 나열된 문장이라기보다는 자연이라는 포괄적인 행동 가운데 하나로 자연의 하위 범주로 희언을 거론했다고 보는 것이 나을 것 같다.

천지 본래의 모습[自然] 가운데 하나가 희언이라 할 수 있으므로. '말이 적은(혹은 없는) 천지'라는 사고는 유가와 차이가 있다.

『논어』에서 공자는 "하늘이 말을 하더냐"라고 했다. 공자는 말 없는 하늘을 인지하고 있었다. 『맹자』에 가면 공자의 말은 다르게 해석되어 변용된다. 맹자는 백성을 하늘의 목소리로 재해석해 민심이 천심(天心)이라고 했다. 하늘이 정치사상화되어 전회(轉回)하는 선명한 발언을 볼 수 있다. (백성을 중시한 맹자의 사고를 민주주의의 원형으로 볼 수 있느냐 하는 점은 논쟁거리다. 유가를 높이 평가하는 사람들 사이에서는 긍정적이지만 그렇게 간단한 문제는 아닌 것 같다.) 맹자는 하늘을 민심으로 인격화해 해석할 수 있는 대상으로 만들었는데 이는 중요한 정치사상이라는 문제와는 별개로 인위적인 행동을 최소화해야 한다는 노자의 사고(노자에게 하늘은 인간이 해석할 수 있는 대상이 아니다)와는 분명 다르다. 노자의 정치성이 자연(인위하지 말고 그대로 두어라)이라면 유가의 그것은 인위에 있다는 사실이 여기서도 대조적으로 드러난다.

제국 운영의 논리적 기반

『노자』를 정치철학으로 읽을 수 있는 두번째 예로 47장을 들 수 있다.

문을 나서지 않아도 천하를 알고 창밖을 보지 않고도 천도를 안다. 멀리 나갈수록 아는 것이 더 적어진다. 이 때문에 성인은 나가지 않아도 알고 보지 않아도 명명하며 인위적으로 행하지 않고도 이룬다.

不出戶, 知天下 ; 不闚牖, 見天道. 其出彌遠, 其知彌少, 是以聖人, 不行而知, 不見而名, 不爲而成.

마지막 구절에 성인을 언급하는 부분을 보면 성인은 최고의 통치자를 함의하기에 통치철학을 얘기한다는 점을 쉽게 알 수 있다. 성인의 행태를 보면 그는 아무것도 하지 않는데 모든 것을 이룬다[不爲而成]는 무위사상의 통치철학을 말한다고 읽힌다. 앞부분의 여러 예들도 사물과 행동, 사고의 많은 갈래와 현상도 핵심(도)을 장악하면 저절로 알게 된다는 언설(왕필의 해석)로 이해할 수 있다. 문제는 다른 곳에 있다. 통치가 가능하려면 인위를 최소화해야 한다는 말은 수긍할 수 있다. 그렇다면 통치행위가 최소화된 인위이건 적극적인 유위이건 실질적인 방도가 없을 수 없는데 구체적으로 어떻게 한다는 말인가. 어떻게 "행하지 않고 이룬다"는 게 가능한가. 어떻게 "문을 나서지 않아도 천하를 알고 창밖을 보지 않고도 천도를 안다"는 게 가능한가. 이런 것이 현실적으로 실현되는 정치를 후대에서는 황로학(黃老學)이라고 불렀다.

황로학의 요체는 이렇다. 임금은 가만히 앉아 있는 듯 보이지만, 실상은 신하들이 '문을 나서지 않아도 천하를 알 수 있도록 정보를 주어서 창밖을 보지 않고도 천도를 알 수 있게 만드는 것'을 가리킨다. 임금이 신하를 통해 핵심을 파악하고 요점을 간추려 숙지하기 때문에 임금은 가만히 있기만 해도[無爲] 신하들이 한껏 힘써서[有爲] 천하가 잘 유지되도록 한다. 이렇게 황로학은 거대 제국을 운영하는 논리적 기반이 된다.

어쩌면 이런 통치철학은 유가에서 이상으로 삼았던 요순시대의 모습일 수 있다. 공자도 요순을 언급하면서 무위라는 말을 썼는데 이런 공자의 무위가 황로학의 함의와 거리가 멀지 않았을 가능성도 생각해 볼 수 있다. 후대 성리학의 경우 공자의 무위를 해석하면서 신하들의 역할을 크게 확대해 사대부의 임무를 증대시켰다는 점은 분명하게 말할 수 있겠다.

다른 측면에서 따져 보자. 노자는 큰 나라[大國]를 작은 생선[小鮮] 요리하듯 하라고 했는데 이 말은 황로학과 관련이 있을까? 알 수 없다. 작은 생선 요리하듯 한다는 말을 더욱 조심하라는 의미로 읽을 경우 황로학과는 거리가 생긴다. 큰 나라일수록 일이 많고 건사할 게 번다할 수밖에 없는데 그럴수록 개입하려는 의지와 욕망을 자제하고 더 조심하라는 뜻으로 해석할 수 있기 때문이다. 작은 생선 요리 운운한 것은 노자의 이상세계인 "소국과민"(小國寡民)에 견주어 생각할 때 그 연장선에서 나온 말임은 앞에서 언급했다. 황로학은 한나라 통일 이후 위력을 발휘해 큰 영향력을 끼쳤던 역사적 전례가 있기 때문에 황로학의 정치사상은 제국 운영의 논리였던 것은 확실해 보인다. 그렇다면 이 황로학은 작은 나라(닭 우는 소리가 들리고 개 짖는 소리를 다 들을 수 있는 원시공동체)를 꿈꿨던 노자의 생각과 차이가 크다. 인용한 『노자』의 47장 구절은 노자가 꿈꾸던 이상 세계와 차이가 클 뿐만 아니라 현실 정치에서 실행된 역사적 근거가 있기 때문에 후대에 첨가된 부분이라고 의심해 지적하는 사람들이 있다. 참고할 만한 의견이라 기록해 둔다.

두 구절을 훑어 정치사상으로 설명했지만 정치철학 중심으로 『노자』를 읽는 방법을 정리하면 이렇다. 노자는 많은 부분 도(道)에 대해 말한다. 심오한 원리와 근본준칙으로서 도를 제시했지만 한마디로 천지(=자연)로 요약할 수 있다. 도를 본받는 것이 올바른 정치라고 할 때 정치는 백성을 본래 사는 모습 그대로 두고 인위를 적게 하라는 말[자연]이었다. 자연을 통치의 뿌리로 둔 것은 정치의 '토대'를 사유했다고 해석할 수 있기에 근본적으로 생각한다는 점에서 철학이라 명명할 수 있겠다. 그리고 도를 체득하고 실천한 인물로, 정치의 주체로서 성인(聖人)을 설정했다고 그려 볼 수 있다. 『노자』

를 통치의 책으로 일관되게 읽을 수 있는 틀은 이렇게 마련된다. 그러나 철학으로 한정해도 정치철학에서 그치지 않고 남는 부분이 크기 때문에 『노자』는 다르게 읽힐 가능성은 여전히 풍부하다.

노자의 정치론을 총괄하면서 실질적인 이야기를 해보자. 노자의 사상이 중국 역사에 현실로 나타난 사례를 세 가지 들 수 있다. 이론에서 보면 노자의 사상은 한비자를 경유해 법가로 자리를 잡는다. 한비자는 법을 통치자 아래에 두고 통치수단으로 국한시키지 않았음을 누누이 강조했다. 통치자 이상의 존재로 법을 격상시킬 수 있었던 핵심에 도에 대한 노자의 사유가 있었다. 그럼에도 노자를 품은 법은 통치자의 수단으로 인식되기 일쑤였고 그렇게 운영된 측면이 존재한다. 법이 운영 주체를 넘어선다는 건 황제체제하에서 현실적으로 어려운 문제였다.

그럼에도 진시황이 천하를 통일하고 새롭게 체계를 짜면서 법을 통일하고 법으로 제국을 통치한 사실은 무시할 수 없다. 현실 정치에서 보면 노자는 황로학과 결합해 한나라 초기를 이끌었다. '무위를 실천하는 일'[爲無爲]이 실제로 행해졌던 것인데 무위의 실천이 큰 의지와 결단이 필요했다는 역사적 경험은 역설적으로 노자 사상의 활동성, 누구도 살펴보지 못했던 다이내믹한 측면을 선명하게 드러냈다.

마지막으로 종교와 결합한 노자가 있다. 도관(道觀)으로 불리는 건물을 짓고 일상생활로 파고든 도교를 떠올릴 수도 있겠다. 도교로 정착하는 과정을 말하려는 것이 아니라 역사상 존재했던 많은 도교 관련 반란이 관심거리다. 도교를 중심으로 일어난 반란들은 많은 경우 폭력적인데 이 폭력성이 자연으로 돌아간다는, 혹은 무위를 실천한다는 명분을 가졌다는 것이 아이러니다. 과도한 문명화, 인공적 활동이 도교의 이상적인 원시세계와 동떨어지고 인간의 고유한 잠재력을 사라지게 하기에 원래의 모습으로 돌아가고자 한다는 것이다. 이 급진적인 노력이 폭력행위를 부추기고 정당화한다. 『노자』에 숱하게 보이는 고요와 평화의 이미지와는 전혀 다른 모습이다.

노자의 사상은 현실에 모습을 드러낼 때 어떻게 이렇게 다른 형태로 나타날 수 있을까? 법가와 결합해 제국을 운영하는 바탕이 되었으니 소국주의와 상치된다. 황로학으로 국가를 운영하되 무위를 실천하는 데 큰 의지를 발휘해야 하니 진정한 무위가 무엇이지 의문이 인다. 민란의 바탕이 되는 종교로 들어가서는 평화주의와 모순되는 과격한 폭력행위의 원천이 되는 것은 또 어떻게 설명할 것인가. 사상과 현실 정치의 차이로 설명하면 그만일까.

노자의 통치론에는 다른 면이 있는 것 같다. 이 세 가지 역사상의 모습은 노자가 다른 것과 결합했다는 특징이 있다. 법가와 만나고 황제와 손을 잡았으며 종교와 결합했다. 노자가 다른 사상과 잘 어울린다는 것이 노자의 장점인 것 같다. 그렇다면 어디서 이 장점이 나오는 걸까? 노자 사상의 융통성? 풍부한 해석 가능성? 여러 가지 해석이 가능하겠지만 나는 그것을 통치론의 은밀함이라고 생각한다. 비의성(秘義性, esotericism)이라고 부를 수 있을까. 노자의 통치론은 통치자에게 건네는 말인데, 그 성격이 은밀하고 자신만이 아는 말이라는 뉘앙스가 강하다. 또 고독감을 품고 비유로 에둘러 말하기에 호소력이 강하고 듣는 이는 비밀스러운 말을 자기만 간직한다는 심리적 태도를 갖게 된다. 통치론이 아닌 요소들까지 통치에 들러붙으면서 번성해 논리적인 체계보다 직관적이고 모순도 개의치 않는 신비한 형태를 띠는 것이다. 노자의 통치론은 생각보다 심플한데 그 심플함이 오히려 운영의 묘에 탄력을 주면서 은밀함으로 재해석된 것이다. 이 또한 노자의 역설이라고 해야 할까.

삶의 기술(art)로서의 철학

철학, 삶의 문제를 다루다

『노자』를 넓은 의미에서 철학책으로 읽는다고 할 때 철학을 다르게 정의할 수 있을 것이다. 『노자』를 통치철학, 사회철학 혹은 정치사상으로 읽지 않고 다르게 읽는 길을 모색해 보자. 서양철학을 참고하는 것도 유용하리라 생각한다. 서양철학의 모태이자 근간인 고대 그리스철학과 이를 이은 중세철학에 이르기까지 사람들은 철학을 무엇이라고 생각했을까? 철학에 대한 당대인들의 생각은 한마디로 '철학은 삶의 지표'라는 것이다. 철학은 기본 질문들(삶이란 무엇인가. 사람답게 사는 것은 무엇인가. 가치 있는 인생이란, 행복한 삶이란 어떤 것인가. 어떻게 살아야 하는가 등등)을 끌어안고 고민하는 담론이었다. 소크라테스가 가치 문제에 깊이 파고든 것도 가치 있는 삶을 목표로 했기 때문이었다.

다른 한편으로 '철학적'이란 말의 뜻은 '당신이 바꿀 수 없는 것을 받아들인다'는 의미이기도 했다. 예컨대 인간은 모두 늙고 죽는다는 것, 인생은 짧다는 진실 등을 받아들일 때 철학적이라고 했다. 로마시대 철학자 세네카(Seneca)의 저서가 『인생의 짧음에 대하여』, 『노년에 대하여』, 『우정에 대하여』 같은 제목을 달고 있는 것도 당시의 철학이 삶의 한 방식으로서의 철학 혹은 실천으로서의 철학임을 단적으로 보여 준다.

영국문학의 아버지로 일컬어지는 초서(G. Chaucer)에게 큰 영향을 끼친 것으로 유명한 보에티우스(Boetius, 475~525)라는 로마시대 말기의 철학자가 있다. 당대에 유행했고 중세시대까지 영향력을 행사한 그의 책 『철학의 위안』(*The Consolation of Philosophy*)도 그런 측면에서 접근할 때 이해할 수 있다. 보에티우스는 철학을 일종의 자기 계발(self-help)로 생각했다. 현재 유행하는 출세지향적인 자기계발서와는 다른 의미다. 그의 책은 추상적이고 형이상학적인 담론이 더 나은 삶을 이끈다고 생각했던 고대인의 사고를 잘 보여 준다.

위안으로서, 치유로서의 철학이라, 철학이 이런 것이라면 매혹적이지 않겠는가. 철학은 문자 그대로 지혜에 대한 사랑이었다. 중세까지 실제로 이러했다. 혁명적인 변화가 온 것은 근대철학이다. 윤리적 담론이었고 지혜를 얻고자 하는 노력의 산물이었던 철학이 '이론에 대한 사랑'으로 바뀐 것이다. 푸코의 말에 따르자면 '철학의 이론화'가 시작되었던 것. 누군가는 이를 '이론의 제국주의'라고 부르기도 한다. 핵심은 '근대철학의 출발과 함께 철학이 본래의 고유한 성격을 잃어버렸다'는 것이다.

지혜의 책, 『노자』

『노자』는 지혜의 책이다. 중국 고대의 책들은 대부분 학파별로 분류되어 제자백가로 통칭하는데 나름의 근거가 있긴 하다. 많은 부분이 사회철학이어서 당대의 긴급한 문제와 씨름하는 지식인들의 고투가 선명하다. 투쟁의 흔적이 역력하기에 그것만으로도 읽을 가치가 충분하다. 고대 서적은 당대성을 무시하고 읽기가 쉽지 않다. 당대성에 투철했기에 읽을거리가 풍부하다고 생각할 수 있고 투철한 당대성이 오히려 시대를 뛰어넘는 면모를 지녔기에 읽을거리가 계속 생긴다고 생각할 수 있다. 그럼에도 고전이 고전인 까닭은 한마디로 다시 읽기(rereading)일 터, 재해석이라고 불러도 무방하다. 마르지 않는 샘물이 적절한 비유로 흔히 소환되지만 나는 오랜 세월 그 고전을 읽어 온 수많은 독자의 안목에 더 의지하고 싶다. 수많은 해석이 쌓여 고전 곁에 놓일 때 고전다움이 만들어지는 게 아닐까.

『노자』에 보이는 '시'(詩)는 새로운 읽기를 유혹하는 데서 그치지 않는다. 왕필이 심오한 현학(玄學)으로 읽었고, 하상공은 통치서로 독해했으며 상이주는 양생술로 이해했다. 누군가는 처세술로 해독할 것이며 누군가는 문명론으로 재해석할 것이고 다른 사람은 은둔의 교본으로 떠받들 수 있다. 『노자』엔 삶의 기술로서 입에 올리고 마음에 담아 두고 싶은 언어가 가득하다. 내가 좋아하는 두 구절을 들어 본다. 먼저 33장이다.

> 남을 아는 사람은 지혜롭고 자신을 아는 사람은 밝다. 남을 이기는 사람은 힘을 가진 것이며 자신을 이기는 사람이야말로 강하다. 만족을 아는 사람이 부자이며 힘써 행하는 사람은 뜻이 있다. 자기 자리를 잃지 않는 사람은 오래가는 사람이고 죽어도 잊히지 않는 사람이 오래 사는 것이다.
>
> 知人者, 智 ; 自知者, 明. 勝人者, 有力 ; 自勝者, 强. 知足者, 富 ; 强行者, 有志. 不失其所者, 久 ; 死而不亡者, 壽.

지자(智者)와 명자(明者). 지자(智者)보다 명자(明者)가 낫지 않을까. "남을 이기는 사람은 힘을 가진 것이며 자신을 이기는 사람이야말로 강하다"[勝人者, 有力 ; 自勝者, 强]. 누군들 자신을 이기는 강한 사람이 되고 싶지 않겠는가. 경쟁에서 남을 이기는 것보다 더 귀한 게 있다는 걸 까마득한 노자시대부터 알고 있었건만 경쟁사회에선 남과 싸워 이기는 게 철칙이다. 그러한 정글의 삶에서 『노자』를 어떻게 이해해야 할까. 불로장생이 꿈인 세상에, "죽어도 잊히지 않는 사람이 오래 사는 것"[死而不亡者, 壽]이라니, 패자의 자기기만이거나 자기위로가 아닐까. 주어진 자기 운명을 받아들이라고 거꾸로 읽을 수 있지 않은가.

44장은 어떤가.

> 명예와 몸, 어느 것이 더 중한가? 몸과 재물 어느 게 더 소중한가? 얻음과 잃음 어느 게 더 문제가 되는가? 이 때문에 너무 아끼면 반드시 크게 낭비하고 많이 쌓아 두면 반드시 호되게 잃는다. 만족을 알면 치욕을 당하지 않고 멈출 줄 알면 위태롭지 않다. 그러므로 오래가고 길게 갈 수 있다.
>
> 名與身孰親? 身與貨孰多? 得與亡孰病? 是故甚愛必大費, 多藏必厚亡. 知足不辱, 知止不殆, 可以長久.

"만족을 알면 치욕을 당하지 않는다"[知足不辱]고 진정 말할 수 있을까. 명예와 몸 중에 명예가 더 중하고 몸과 재물 가운데 재물이 더 귀한 세상에서. 삶이 고단한 건 인간관계가 간단치 않기 때문이다. 그 조건을 생략하고 이 말을 곧이곧대로 받아들일 수 있을까? 만족할 때 남과 비교되고 손가락질 받는 걸 감당할 수 있는가? 어리석은 자의 자기만족이나 망상이 아니라고 어찌 자신하겠는가. 자신을 불만족스럽게 여겨 열심히 전진하는 사람은 바보들인가? 나는 『노자』를 회의하면서 받아들이고 싶다. 『노자』의 고독감을 감당하기 쉽지 않겠지만.

책을 읽을 때 누구도 뭐라고 하지 않지만, 여전히 고전에는 어떤 권위 혹은 아우라가 있고, 여전히 고전을 읽으려는 이들에게 이런 권위가 은연중에 스며들 수밖에 없다. 하지만 자유롭게 읽을 수 있는 시대이니만큼 다채롭게 읽어 보는 것은 어떨까. 다만, 이렇게 내 눈으로, 내 관점을 가지고 읽기 위해서는 어떤 저항이 필요하다. 노자를 지혜의 말들로 받아들이더라도 늘 의심하고 치우치게 이해하는 것은 아닌가 하는 불안과 부대끼면서 견딜 필요가 있다. 그럴 때 삶과 이어지는 탐구의 언어로서 『노자』가 읽히는 경험을 할 수 있지 않을까.

참고문헌

老子 外, 『老子四種 : 老子王弼注, 老子河上公注, 馬王堆帛書老子, 郭店竹簡老子』, 大安出版社, 臺北, 1999.

원문 링크

『노자』 원문(https://ctext.org/dao-de-jing/zh)

왕필 주(https://ctext.org/dao-de-zhen-jing-zhu/zh)

하상공 주(https://ctext.org/wiki.pl?if=gb&res=6)

상이주(https://ctext.org/wiki.pl?if=gb&res=15750)

참고 사이트

동양고전종합DB(http://db.cyberseodang.or.kr/front/main/mainmenu.do)

중국철학서전자화계획(https://ctext.org/zh)

「노자」 원문 왕필 주 원문 하상공 주 원문 상이주 원문